本书受国家社会科学基金重点项目"新型举国体制
重大创新的政府行为模式与边界研究"（项目编号：20AGL005）资助。

直面
大国博弈
中国数字经济战略重塑

FACE UP TO
MAJOR COUNTRY GAMING
RESHAPING CHINA'S DIGITAL ECONOMY

江 鸿◎著

经济管理出版社
ECONOMY & MANAGEMENT PUBLISHING HOUSE

图书在版编目（CIP）数据

直面大国博弈：中国数字经济战略重塑/江鸿著 . —北京：经济管理出版社，2023.3
ISBN 978-7-5096-8947-9

Ⅰ.①直…　Ⅱ.①江…　Ⅲ.①信息经济—经济战略—研究—中国　Ⅳ.①F492

中国国家版本馆 CIP 数据核字（2023）第 040418 号

责任编辑：吴　倩
责任印制：黄章平
责任校对：王淑卿

出版发行：经济管理出版社
　　　　　（北京市海淀区北蜂窝 8 号中雅大厦 A 座 11 层　100038）
网　　址：www.E-mp.com.cn
电　　话：（010）51915602
印　　刷：唐山玺诚印务有限公司
经　　销：新华书店
开　　本：720mm×1000mm/16
印　　张：15.25
字　　数：200 千字
版　　次：2023 年 4 月第 1 版　　2023 年 4 月第 1 次印刷
书　　号：ISBN 978-7-5096-8947-9
定　　价：88.00 元

前　言

　　本书缘起于一个聚焦于中国通信产业的临时调研任务，最终在国家社科基金的资助下，在长期合作的同事和众多业内受访者的支持下，拓展为在大国博弈背景下对中国数字经济国际竞争态势、战略发展方向和产业政策措施的全景式考察与分析。

　　2018 年底，国务院组织开展通信产业提速降费评估工作，笔者作为中国社会科学院工业经济研究所研究团队的一员参与其中。当时，国内三大通信运营商提前完成了此前制定的网络提速降费目标，普遍性提速降费是否应作为下一步中国通信产业政策的重要内容，在政府部门、产业界和学术界都存在争论。研究团队的工作直接推动了"精准降费""提速提质""携号转网"等政策出台。更重要的是，在工业和信息化部协调的全行业调研中，我和同事们意识到，尽管各方对中国移动通信在 5G 时代及此后的技术持续领先抱以乐观预期，但从某些政策细节来看，美国政府正在另辟蹊径，推动移动通信产业的技术路线朝着不利于中国的开源、开放方向发展。一旦该战略落地实施，中国在原有技术路线下历经数十年辛苦培育的技术优势和产业链优势将面临被颠覆的重大风险。中国需要在产业整体战略甚至是跨产业战略

（通信网络基础设施相关的上下游核心产业）上进行系统谋划和部署，才能在新一轮大国博弈中继续占优。我们提出的判断和建议当时并未立即受到关注，但随着此后美国移动通信的新技术路线逐渐明朗化、公开化，我们的研究很快引起了相关部门的重视。

恰在此时，我和同事们有关中国高铁技术赶超的跟踪研究也进入了论文撰写阶段。彼时我对市场经济条件下政府干预如何推进复杂产品系统的全行业技术赶超，已经形成了相对成熟的理论认识。一个以往尚未被纳入经济学和管理学研究范畴的重要问题进入了我们研究团队的视野：政府干预促进系统性技术创新的主要机制，并不必然是现有文献重点讨论的各类选择性或普惠性产业政策。在复杂产品系统领域，政府作为战略集成能力的载体，可以通过塑造恰当的产业竞争战略（如选择技术路线），在统一的产业竞争战略下实施全局协调（如对多种产品平台引进、试验验证体系构建、初期领先市场培育等关键活动的统筹协调），在充分发挥市场竞争机制作用的同时，对产业创新施加有利的强影响。对于这一重要发现在多大范围内具有可推广性，尤其是在技术经济范式与传统制造业存在差异的新兴产业内是否具有可推广性，我和同事们有着强烈的兴趣。移动通信网络兼具复杂产品系统和新兴技术特征。参与通信产业提速降费评估工作，打开了全面调研通信产业重要当事人和亲历者的大门，为我们将政府干预研究拓展到数字产业领域提供了珍贵的机会。

2020年，我主持的国家社科基金重点项目"新型举国体制下促进使命导向型重大创新的政府行为模式与边界研究"立项。此时，我和同事们已经对移动通信产业进行了长达一年半的"滚雪球"式调研，调研对象正在从移动通信产业向上游的集成电路产业和下游的人工智能、云计算等产业延伸。在调查研究中，我们越来越深刻地感受到，包括移动通信产业在内的数字经济部门是一个相互关联的、面临复杂竞争环境的经济系统。自 2018 年起，美国逐步确立了技术、产业、安全相协同的对华数字经济抑制战略，以推动全球数字基础设施技术路线调整、夯实通用技术与平台领先优势作为转变中美数字经济实力对比态势的两大突破口，以意识形态优先的数字安全治理作为孤立中国技术和中国企业的"护城河"，试图打造"去中国化"的全球数字经济新生态并掌握主导权。竞争环境的重大变化不仅对中国在移动通信等局部领域的领先优势形成冲击，更对中国数字产业的总体追赶发展构成严峻挑战。在这种高强度、大范围的动态产业竞争条件下，既往那种忽视产业竞争维度、将竞争情境化约为背景信息的创新政策和产业政策研究，已经不足以作为中国数字经济战略和政策制定的理论基础。从产业竞争战略视角出发，在中美大国博弈条件下对中国数字经济发展问题开展理论抽象和分析，具有现实紧迫性和学术必要性。

　　本书正是在对中美数字经济产业竞争战略的考察与思考中酝酿形成的。与技术路线相对固定、市场竞争以产品性能竞争为主的传统制造业不同，在新兴的数字经济部门，国家间竞争不仅在于主导技术路线的争夺，而且在于产业生态主导权的竞争。由于美国正在加快重拾美式举国体制、调动国家机制介入数字科技竞争，技术路线和产业生态层面的竞争已经上升为国家层面的产业战略竞争。而由于数字经济"天生全球化"的特点，嵌入在全球生态之中的中国企业主体的立场是复杂的。一国的不同企业出于自身竞争战略选择特定的技术路线，或是加入特定的产业生态，在更加宏观的层面上很可能相互冲突，甚至偏离该国产业发展的长期整体利益。因此，在确保市场机制继续发挥作用、中国行为主体持续融入全球数字经济市场的前提下，中国应在数字经济核心产业内塑造怎样的竞争战略，又应当以怎样的政策措施和协调机制引导广大行为主体采取与产业竞争战略相容的一致性行动，就成为本书的研究重点。全书共分十章，前六章重点关注产业层次，讨论集成电路、移动通信、人工智能、云计算等产业的中美竞争态势与中国战略对策；后四章则在国家层次，针对新型基础设施、新型举国体制、产业链安全保障等支撑数字经济发展的"通用"领域，探讨竞争条件下的中国战略与政策调整。

过去三年，新冠肺炎疫情反复，本书相关的调研和写作未能如期完成。不过，这反而使我得以在更长的时间窗口中持续补充材料、完善观点，从而观察和提炼出中美数字经济博弈的更多典型事实。这也算是动态竞争条件下的额外收获。在此期间，我和同事们对本书焦点产业相关的 20 余家单位、100 余位主要受访者（访谈时间超过 2 小时）开展了 80 余次访谈，覆盖了行业主管部门、行业研究机构、行业协会、核心企业、高校和科研机构等众多关键行动主体。在本书即将完成之时，国家发展和改革委员会正式印发了《"十四五"数字经济发展规划》，强调"发展数字经济是把握新一轮科技革命和产业变革的战略机遇、构筑我国参与国际合作和竞争新优势的战略选择"。既有的调研和分析使我们确信，将产业竞争战略引入数字经济产业政策和创新政策的分析框架，对中国构筑数字经济新优势大有裨益。本书只是在这一方向上的初步探索，未来我还将在此议题下，在学理和政策两个层面持续拓展。

在调查研究和文稿撰写过程中，中国社会科学院工业经济研究所贺俊研究员、李伟副研究员、中国人民大学应用经济学院黄阳华教授（研究伊始尚在工业经济研究所工作）和我进行了大量建设性的讨论，提出了诸多宝贵意见。征得他们的同意，我在书中也借鉴了这三位同事的部分观点。众多牺牲了个人时间、接受访谈的业内人士为本书写作提供了重要的支持。在本书的审校和出版过程中，经济管理出版社吴倩编辑提供了专业且细致的帮助。在此，对以上各位一并表示诚挚的感谢。由于能力及时间所限，本书难免有不足和疏漏之处，真诚期待读者的批评和建议。

江 鸿

2023 年 1 月

目　录

第一章　中美数字经济竞争与中国战略选择

一、美国对华数字经济抑制战略的思路与重点

2018 年以来，美国逐步构建起技术、产业、安全相协同的对华数字经济抑制战略，以推动全球数字基础设施技术路线调整、夯实通用技术与平台领先优势作为转变中美数字经济实力对比态势的两大突破口，以意识形态优先的数字安全治理作为孤立中国技术和中国企业的"护城河"，试图打造"去中国化"的全球数字经济新生态并掌握主导权。

（一）调整数字基础设施技术路线，弱化我国技术和产业链优势

数字基础设施是数字经济的基石，是否掌握其主导技术路线和关键技术直接关系到国家数字经济的竞争力。过去十余年，我国在固定

宽带、移动通信等领域实现了主导技术路线下的技术赶超。以移动通信为例，在"软硬件一体化"的主导技术路线下，华为已成为全球市场份额最大、5G 标准必要专利①最多的设备商。朗讯和摩托罗拉则在 3G、4G 换代期退出市场，致使美国面临本土 5G 设备商断档的窘境。对此，美国积极推动移动通信技术路线调整，试图以"开源"路线取代"软硬件一体化"路线。"软硬件一体化"路线指的是通信设备商自行开发专用软件和硬件，采用专用接口集成软硬件，提供一体化解决方案。"开源"路线指的是采用开放的标准化接口，将来自不同企业的开源软件和通用硬件集成为解决方案。在这一路线下，通信网络不再由一体化设备商定义，而是由提供接口标准、核心软件和底层芯片的企业定义，产业生态将随之向有利于美国发挥其基础软件和芯片技术优势的方向重构，使我国在"软硬件一体化"路线下培育的技术优势和完整产业链丧失原有的价值。

美国正从技术研发、供应链建设和市场培育入手，加快推动开源 5G 路线成熟和落地部署（见表 1-1）。在技术研发上，2020 年 1 月，美国国防部高级研究计划局（Defense Advanced Research Projects Agency, DARPA）启动"开放可编程安全 5G"计划，预期通过软件开源化、软件和关键硬件自主化、军版网络民用化"三步走"，到 2024 年实现开源路线下的 5G 商用和 6G 标准卡位。该计划确定了四大技术领域，提供数倍于研发成本的资金实施招标，发动社会力量参与研发。在供应链建设上，思科、Intel、高通、谷歌、IBM 等利用 2018 年成立的 O-RAN②联盟，积极牵引构建开源供应商体系，并于 2019 年开始

---

① 标准必要专利是指为实施某一技术标准而必须使用的专利。随着技术标准被行业接受并实施推广，标准必要专利实际上也具有了一定的强制性。

② O-RAN 及后文的 Open RAN 均指"开放式的无线接入网"，也即开源开放网络。

与日本乐天合作启动建设首张全开源 4G/5G 网络。为强化美国企业的供应链控制力，美国政府在 2020 年 5 月推动建立了没有中国企业成员的 Open RAN 政策联盟。在市场培育上，从 2021 年 3 月美国重要智库"战略与国际问题研究中心"的最新报告看，美国政府将通过政府采购、一揽子基建计划、转移频谱拍卖收益等多种手段，激励本土运营商及其他数字经济主体采用开源 5G 路线；同时与发达国家盟友共建加速器基金，聚焦于新路线下的网络试点项目投资，双管齐下，尽快催熟规模化的国内外市场。2021 年 6 月，七国集团提出"重建更好世界伙伴"计划，提出为发展中国家新建基础设施提供投资，并将数字技术列为四大重点领域之一，显然是为培育争取发展中国家市场做出的更广泛努力。

表 1-1　美国推动 5G 技术路线转换的部署

	相关组织/项目/文件	具体部署
技术研发	《2020 财年国防授权法案》（2019 年底通过）	批准 2.75 亿美元专项资金，资助美国军事设施 5G 网络技术研发和测试场建设
	DARPA "开放可编程安全 5G" 计划（2020 年 1 月启动）	用四年时间推动 5G 技术路线转向"以软件统领硬件"的开放可编程路线：（1）用 18 个月时间完成"开源化"，实现网络硬件与软件解耦，通过扎根美国的开源社区控制软件；（2）用 18 个月时间完成"军控化"，实现由美军掌控的 5G 开源软件和部分关键硬件自主；（3）用 12 个月时间完成"融合化"，推动军版开源 5G 网络架构的军民融合发展，以 IT/CT 协议栈的融合统一实现美国 IT 技术优势向通信技术领域延伸，实现开放可编程安全 5G 网络商用和 6G 标准渗透
	DARPA 与 Linux 基金会合作协议（2021 年 2 月签署）	为"开放可编程安全 5G"计划下的技术创新活动共同建立广泛的"保护伞"，允许美国政府项目、相关生态系统、开放社区参与 5G、边缘计算、人工智能等领域的技术创新与安全保障创新，旨在鼓励生态系统参与者支持开发美国政府推崇的最新技术软件（包括 5G 开源软件）

续表

	相关组织/项目/文件	具体部署
供应链建设	Open RAN 政策联盟（2020 年 5 月成立）	Open RAN 政策联盟由 31 家运营商和技术公司组成，其组建有着很强的政府影响色彩，由前美国国家电信和信息管理局（National Telecommunications and Information Administration，NTIA）代理行政长官 Diane Rinaldo 担任首任执行董事。该联盟未吸收任何中国运营商和中国 5G 设备商作为成员，旨在争取政策支持，为开源 5G 技术路线扶持通用设备供应商与供应链
市场培育	美国战略与国际问题研究中心《2030 年全球网络：发展中经济体与新兴技术》和《美国在数字发展中的领先机会》报告（2021 年 3 月发布）	美国战略与国际问题研究中心在通信和数字经济领域对美国政府决策具有重要影响，有关清洁互联网和开源 5G 的多项政策建议被联邦政府采纳。在这两份报告中，该中心为推行有利于美国的通信技术路线、扩大美国产品与服务市场提出了面向国内与国外、循序渐进的三方面可行措施： （1）在联邦层面建立集中协调机构，通过政府采购、一揽子基建计划、转移频谱拍卖收益等多种渠道，激励美国运营商及其他数字经济主体采用开源 5G、低轨卫星星座等有利于美国的新技术路线，加快催熟新技术路线下的国内产业链； （2）与发达国家盟友共建新技术加速器基金，为新技术路线下的产业链上下游培育规模化市场，该基金应聚焦于在新兴市场开展美国主导技术路线下的试点项目，发现并解决新技术路线及其产业链可能面临的技术挑战和商业化挑战，展示其对新兴市场数字经济发展的价值； （3）美国及其盟国将印度、巴西等大型区域市场内的发展中国家作为新技术路线下的供应链合作伙伴，通过投资本地化生产等方式，使其成为新技术路线的利益相关方，推动其主动以新技术路线下的美国设备替代中国设备
	"重建更好世界"计划（2021 年 6 月启动）	2021 年 6 月，美国总统拜登在七国集团（G7）领导人会议上抛出"重建更好世界"计划，并提出美国将投资全球 5~10 个大型基建项目，作为"重建更好世界"计划的一部分

资料来源：笔者整理。

（二）确保数字经济关键通用技术和战略性平台企业绝对领先

集成电路、通信技术、人工智能、数据安全等通用技术是利用通信基础设施、赋能数字经济发展的底层技术。我国虽然在通信技术、人工智能应用等少数领域占据了领先位置，但美国仍在整体上保持优势，并将确保数字经济通用技术对华持续领先作为压制我国数字经济影响力的战略重点。2020 年 10 月，白宫发布《关键和新兴技术国家战略》，确定了 20 项美国应掌握技术领导力的关键新兴技术，其中有 9 项与数字经济直接相关（见表 1-2）。该文件从国家安全优先级出发，将新兴技术分为三类，明确了不同优先级领域内的技术领先战略、风险管理方法和相关支撑体系。拜登上台后，采纳了"新美国"智库 2018 年提出的"小院高墙"式对华科技竞争思路，即在避免与中国科技全面脱钩的同时，继续加大国家安全相关技术领域（"小院"）对华科技封锁力度（"高墙"）。根据这一思路，拜登任命了美国历史上首位负责网络和新兴技术的国家安全顾问，推动"小院"内的新兴通用技术领先发展。各知名智库也纷纷发声，对美国应在哪些数字经济通用技术领域实现对华领先，以及如何领先的问题给出意见，美国政府的战略部署也因此越来越精准。

表 1-2　美国《关键和新兴技术国家战略》提出的 20 项技术清单

与数字经济直接相关的技术	其他领域技术
先进计算	先进常规武器技术
人工智能	先进工程材料
自动系统	先进传感
通信和网络技术	先进制造
数据科学和存储	航空发动机
分布式记账技术	农业技术
人机交互	生物技术
量子信息科学	化学、生物、辐射和核减弱技术
半导体和微电子技术	能源技术
	医学和公共卫生技术
	太空技术

资料来源：笔者整理。

在领先发展数字经济关键通用技术的同时，美国还特别重视对数字经济生态核心的控制力，其战略要点是壮大本国数字平台企业、遏制中国平台企业。在电子商务、社交网络、数字金融等领域，中国数字平台企业的经营规模、业务范围和集成创新速度已经对美国竞争对手构成了严峻挑战。2021 年 1 月，由谷歌前任 CEO 埃里克·施密特（Eric Schmidt）领导的智库"中国战略组"发布报告《不对称竞争：应对中国科技竞争的战略》，从战略（平台的安全威胁）和价值（平台的经济价值）两个维度出发，将平台企业分为四类，建议对不同类型的中国平台企业分别施策。对于所谓"高度危险"的中国平台企业，应联合盟国，彻底禁止其进入西方市场。对于战略属性强但经济价值高的中国平台企业，可以允许其进入西方市场，但应整合运营审查、技术限制、技术改造等手段消除其威胁。特别是，美国可以强制性要求进入西方市场的中国平台企业采用由美国企业掌控的加密、路由等技术标准，牵引平台底层技术向美国优势技术领域转移，侵蚀中国平台企业的底层技术研发能力，甚至反向威胁我国数据安全。

（三）构建政治化数字安全体系和"去中国化"数字经济多边体系

推广政治优先的数字安全治理原则，以意识形态理由将中国技术和中国企业彻底隔离在全球数字经济闭环之外，是美国重塑世界数字经济发展格局的又一战略要点。2019 年 5 月，美国联合北约、欧盟、日韩等 32 个国家，在捷克召开 5G 安全会议并发布《布拉格提案》，提出"网络安全不是纯粹的技术问题"以及"第三方国家对供应商影响的总体风险"，矛头直指中国企业。鉴于《布拉格提案》的非约束性，美国政府又在 2020 年 4 月发布《5G 清洁通道计划》，明确要求盟国清除中国 5G 设备。当年 6 月，《5G 清洁通道计划》被升级为《清洁网络计划》，8 月初再次更新，"清洁"对象由通信基础设施扩展到覆盖运营商、应用商店、应用程序、云服务的整个数字经济生态，显示出美国以安全理由全面封堵我国数字经济企业的强烈决心。此后，美国大力倡议各国共建所谓"清洁网络联盟"，并在 2020 年 9 月第二届布拉格 5G 安全会议全程推销这一观点，产生了切实影响。多个欧洲国家已与美国签订了关于《清洁网络计划》的联合声明，对我国数字经济技术和产品的打击面迅速扩大。美国构建"去中国化"数字经济全球生态的递进措施如表 1-3 所示。

表 1-3　美国构建"去中国化"数字经济全球生态的递进措施

时间	相关行动/计划/文件	具体举措
2019 年 4 月	《5G 生态系统：对美国国防部的风险与机遇》	美国国防部国防创新委员会发布报告，将中国 5G 发展的威胁从军事领域放大到商业领域，引导国际舆论焦点从 5G 技术安全转向基于属地的 5G 供应链安全
2019 年 5 月	成立"网络空间日光浴委员会"	该委员会得名于对苏冷战的"日光浴计划"，负责确立"全政府"的网络空间战略及支撑性法律与政策，成立当月发布的报告全面引入了敌国、盟国、威慑等冷战概念，以此为基调构筑对华网络威慑战略与行动计划
2019 年 5 月	《布拉格提案》	美国、德国、日本和澳大利亚等 32 国的代表在布拉格召开了"5G 安全大会"，会后共同发布了《布拉格提案》，从政策、技术、经济和隐私四个方面对 5G 安全进行阐述，但刻意弱化了安全技术方面的客观因素，强调应用环境、供应商国别来源、融资渠道等非技术因素，全面渗透了政治化的网络安全观
2020 年 3 月	《2020 年 5G 安全保障法》《确保 5G 安全国家战略》	把 5G 安全新原则与美国推崇的开源 5G 技术路线绑定，明确将制定全球 5G 安全标准、开展供应链风险评估、推动全球 5G 供应商审查，明确政府应在盟国推行符合政治化的网络安全原则，将数字经济安全风险无差别归因于意识形态差异，并给中国企业打上基于意识形态的"不可信"标签，推动政治化 5G 安全原则进入标准开展和推广实施的"快车道"

续表

时间	相关行动/计划/文件	具体举措
2020 年 4 月	《5G 清洁通道计划》	明确将中国指为网络空间中的恶意行动者和敌对国家，要求盟国清除中国 5G 设备
2020 年 8 月	《清洁网络计划》	在《5G 清洁通道计划》的基础上，推出了五项新措施，从而将网络"清洁"对象从通信管道扩展到整个数字生态闭环，试图全面排斥中国企业、中国产品和中国服务： (1) 清洁运营商：确保中国运营商不与美国电信网络连接； (2) 清洁商店：从美国移动应用商店中删除不受信任的应用； (3) 清洁应用程序：防止所谓不受信任的中国智能手机制造商在其应用商店中预装（或以其他方式使之可供下载）受信任的应用程序； (4) 清洁云：防止美国公民敏感个人信息和企业知识产权在百度、阿里巴巴、腾讯等可被外国对手访问的基于云的系统上进行存储和处理； (5) 清洁电缆：确保连接美国与全球互联网的海底电缆不被中国大规模情报收集活动破坏
2020 年 9 月	"清洁网络联盟"	美国前国务卿蓬佩奥借访欧和第二次布拉格安全会议召开契机，努力推广《清洁网络计划》，提出多个国家共同打造排斥中国的"清洁网络联盟"

资料来源：笔者整理。

值得注意的是，与特朗普政府对华单边打击的战略不同，在美国政界、智库和产业界的呼声下，拜登政府正在突破以往主要围绕安全话题推行"去中国化"战略的做法，试图在民主与科技的大旗下，构建"去中国化"的多国数字经济联盟和数字经济多边体系。早在 2020 年 11 月，美国国会"中国特别工作组"下设的中美科技关系工作小组已在政策报告《应对中国挑战：美国的科技竞争新战略》中提出，美国应与科技领先的民主国家共建遏制中国的"新技术联盟"。2020 年 12 月，欧盟也在《欧盟—美国全球变化新议程》中加以回应，指出欧盟和美国具有相同的民主理念，可以强化在人工智能等新兴技术领域的标准和合作，打造科技民主联盟，并向欧洲议会提议成立"跨大西洋贸易和技术理事会"。虽然 2020 年特朗普政府寄希望于通过扩大化的"清洁网络计划",构筑起阻碍中国数字经济企业出海发展的安全壁垒,但其"美国优先"的经济战略实际上阻碍了西方数字经济联盟的形成。拜登政府重回多边关系的外交战略,则为美国与其盟友在更大范围内就"去中国化"战略形成合力、将我国阻挡在新的全球数字经济体系之外创造了良好的政治条件。

二、美国抑制中国数字经济发展的关键措施

在前述战略引导下,美国政府以构建数字经济"举国体制"为统领,从加强政府协同、提升配套职能、完善保障体系、支持技术研发、争取外交支持等方面入手,动用政治、财政、税收、司法、外交等措施,试图以"全政府、全社会"的方式,阻碍我国将现有技术优势和供应链优势转化为数字经济的产业优势和经济优势,打造"脱华"数字经济阵营。

(一)全方位加强政府协同,构建数字经济"举国体制"

过去几年,美国政府内部、政府与国会之间、两党之间的对华数字经济竞争思路趋于统一,在行政组织和法律制度两方面同步推进,积极构建数字经济"举国体制"。

从组织协同来看,2019 年以来,美国行政系统发展数字经济、实施对华抑制的动员和整合水平持续提高,呈现出越来越鲜明的"举国协同"特征。2019 年 5 月,联邦政府组建网络空间日光浴委员会,负

责制定"全政府"网络空间战略及支撑性政策。2020 年 3 月，《5G 安全保障法》要求联邦政府各部门围绕《保护 5G 安全国家战略》制定具体的组织协调和资源支持方案，所涉机构和人员不仅包括行政线的总统、联邦通信委员会主任、商务部长、国土安全部长、国家情报总监、司法部长、国务卿、能源部长、国防部长等，而且还包括立法线的参议两院情报、商业、科技、交通，外交、军事、国土安全、政府关系和特别调查等专门委员会，动员范围之广、层级之高远超 2014 年同样针对中国的《美国制造与创新复兴法案》。2021 年，拜登政府延续了动用举国体制开展对华数字经济竞争的思路，在负责相关政策国际沟通的专职副国务卿之外，又新设了负责网络和新兴技术的国家安全顾问职位，以及负责整合各部门网络安全政策、直接对总统汇报的国家网络主管职位。

从法律保障来看，自 2020 年起，美国立法系统提出、通过数字经济相关提案的力度明显增大，在财政、国防、监管、科研、外交等方面为落实数字经济"举国体制"提供制度支撑。2020 年 3 月，美国网络空间日光浴委员会提交报告，以敌国、盟国、威慑等冷战概念为基调，构筑对华网络空间威慑计划，与其六大威慑支柱相对应的建议全部被纳入 2021 财年立法提案。同月，《5G 安全保障法》出台，要求联邦政府在 3 个月内制定《保护 5G 安全国家战略》实施方案，确定扶持和协调本国与盟国通信设备商的激励计划、与盟国共同防控 5G 安全风险的外交计划，以及引导国内外主体联合制定国际标准并测试的研发计划。拜登上台至今，对华数字经济抑制更是深度渗透了美国参议院的最新立法提案。由于此类提案过多，民主党议员将《无尽前沿法案》《战略竞争法案》《迎接中国挑战法案》及其他相关提案整合为一揽子的《2021 年美国创新与竞争法案》。

该法案于 2021 年 5 月底通过参议院投票，内容包括为集成电路和开源 5G 提供大规模财政支持、冻结中美基础研究和通用技术人才流动与科技合作、建立半导体和光传输通信设备 "脱华" 供应链、加强新兴技术国际标准制定和竞争规则构建等为遏制中国数字经济发展 "量身定制" 的措施（见表 1-4）。

表 1-4　《2021 年美国创新与竞争法案》中与数字经济竞争相关的重要条款

战略方向	关键举措
为集成电路和开源 5G 提供大规模财政支持	计划拨款约 2500 亿美元，以应对所谓来自中国的 "科技威胁"： （1）芯片和开源 5G 紧急拨款：投资 520 亿美元，用于和芯片生产、军事以及其他关键行业的相关项目；投资 15 亿美元，用于电信领域，以加强美国在 5G 竞争中的创新。 （2）其他数字经济关键技术研究与教育培训：未来 5 年投入大约 1200 亿美元，用于包括人工智能、半导体、量子计算、先进通信、生物技术和先进能源在内的关键技术领域的基础和先进研究、商业化、教育和培训项目
冻结中美基础研究和通用技术人才流动与科技合作	在联邦政府权限内，重点针对我国相对落后且高端人才需求较大的基础研究和前沿技术领域，以高端人才计划为指标，对如何限制中美科技交流与合作做出了系统性安排： （1）在个体层次，禁止联邦科研机构的所有相关人员参与外国政府（以中国为首）的人才计划。这不仅包括机构自身的联邦雇员和合同制雇员，还包括为其提供服务的个人和承包商员工，乃至客座工程师和客座培训人。 （2）在项目层次，禁止联邦科研机构开展任何有外国政府人才计划资助人员参与的科研项目。只要项目申请书上所列人员参与了外国政府人才计划，无论该人员在项目中的科研角色如何，联邦科研机构均不得资助。 （3）在机构层次，禁止接受联邦科学资金资助的机构向任何参与外国政府人才计划的人员提供研究资助。 这些限制措施看似只限于联邦科研资金，但鉴于联邦政府是美国大学和科研机构最主要的项目资金提供方，对私有部门的研发活动也有资助，因此相当于全面封锁了中美科研人员、科研机构，乃至高技术企业之间的合作通道
建立半导体和光传输通信设备 "脱华" 供应链	针对战略性产业供应链韧性与关键产业投资，特别关注半导体和光传输通信设备这两个中美科技与产业竞争的核心部门： （1）要求全面评估关键供应链韧性，尤其是全球半导体供应短缺对美国制造业的影响，以及由中国拥有、控制或支持的企业所生产销售的光传输设备对美国国家安全的影响，作为改善国内供应链和区域供应链的事实基础； （2）要求禁止向任何受中国政府影响的实体转让通信基站建设许可证和基站执照，严防中国力量进入美国通信基础设施市场

续表

战略方向	关键举措
加强新兴技术国际标准制定和竞争规则构建	特别点名我国《国家标准化体系建设发展规划》中"参与和主导制定国际标准数量达到年度国际标准制修订总数的50%"的目标，强调标准协作对新兴技术发展和全球部署的重要性，提出了三方面的思路和措施： （1）在美国国内战略上，标准化工作应优先聚焦于新兴技术领域，明确负责各领域标准制定的核心机构、必须争取的国际领导职位，以及具备相关技术和领导专长的关键人才，并针对关键岗位建立常态化的人才培养和输送通道； （2）在工作机制上，强化美国行业主导、公私协作、自愿协商的标准制定传统，确保政府机构之间以及与私营部门之间的有效协同，协助私营机构制定标准化战略、战略性地参与国际标准（特别是数字经济技术标准）制定，并争取相关组织的领导职位； （3）在国际合作上，确保美国和传统盟国在国际标准制定和标准治理方面保持协作

资料来源：笔者整理。

（二）加强政府配套职能建设，完善数字经济保障体系

在构建"全政府"数字经济保障体系的思路下，美国政府正在逐个弥补对华数字经济竞争与抑制中的能力短板，重点加强情报体系、科技人才、产业链安全等职能型能力。

第一，构建领先中国的、更加科学高效灵活的科技决策体系。当前，美国政府和产业界之间存在科技情报信息沟通不畅、情报信息分散等问题，美国可能会根据2021年初发布的《不对称竞争：应对中国科技竞争的战略》的建议，重构科技情报系统。其重点措施可能包括：建设新型、开放的国家技术分析中心，统筹负责科技情报的收集、分析和决策支撑工作；强化企业和各类社会组织在国际情报收集和分析中的作用，构建政府和企业之间有效、合法、公平地分享评估情报的长期机制；在五眼联盟①国家之外，建立技术情报和信息的多边分享机

---

① 五眼联盟（Five Eyes Alliance，FVEY），是由五个英语国家所组成的情报共享联盟，成员国包括美国、英国、加拿大、澳大利亚和新西兰。

制,强化美国与更多伙伴国家之间的技术情报交流。

第二,推动美国对华人才优势从局部领先向全面领先升级。当前,美国在高端研发人才上的储备与培养强于中国,中国在部分工程化技术人才和技能工人的培养与规模上强于美国。从近一年来联邦政府、参众两院、重要智库的相关讨论和公开报告来看,拜登政府将在通过强化 STEM(科学、技术、工程、数学)教育、优化创新环境等措施巩固高端人才优势的同时,通过自动化改造、修改技术移民政策、强化技能培训等措施补齐技能人才不足的短板。例如,《不对称竞争:应对中国科技竞争的战略》报告建议,每年授予 1 万名科学家和工程师特殊移民身份,直接给 STEM 硕士学位获得者发放绿卡;将 10% 的联邦 STEM 基金投入发展未来高素质人群的教学领域,允许产业界人士在学校开展教学等。

第三,重构产业链安全管理体系,从以独立部门监管特定供应链突发风险为主的分散体系向跨部门协同管理产业链整体安全的综合体系转型。2017 年,美国将原本以应对恐怖活动为主的供应链安全问题上升为国家竞争战略层面的产业链安全问题,管理焦点转向遏制产业链(特别是与数字经济相关的集成电路和先进制造产业链)关键增值活动向中国转移。对此,联邦政府决定改变各部门分散应对不同领域内产业链安全事项的传统体系,通过设立和强化相关跨部门机构(如外国投资委员会、供应链工作组)、建立经常性跨部门协调机制(如新兴和基础技术预见机制),将产业链安全问题系统纳入各部门日常工作,推动形成"全政府"产业链安全管理体系。此外,联邦政府还在新设专门的产业链安全管理牵头机构,以加强产业链风险管理的集中领导机制。例如,2018 年 10 月,美国国土安全部下属信息通信技术供应链风险管理工作组,采用公私合作模式,评估和管理来自中国的供应链威胁。

（三）综合手段支持通用技术研发和通信技术路线调整

从美国半导体制造产业公地逐步萎缩、中国移动通信设备部署相对领先的"高风险"现实出发，美国政界将集成电路和移动通信网络分别作为强化自身技术优势、弱化我国技术优势的重点突破口，加大财政支持力度，牵引数字经济通用技术（以集成电路为代表）研发领先和新兴技术（以5G为代表）路线调整。在集成电路领域，《2021财年国防授权法案》整合了《美国芯片法案》和《晶圆代工法案》中的两党共识条款，提出三个财政投入重点：一是设立激励本土半导体工厂建设和微电子产业的财政计划，推动制造回流；二是建立国家半导体技术中心，启动先进封装制造计划等，确保前沿技术领先；三是建立协调出口管制和供应链安全的多边基金，推动供应链重构。为了支持这些条款快速落地，《2021年美国创新与竞争法案》提出了高达520亿美元的紧急补充贷款，分别注入"美国芯片基金"（495亿美元，支持制造激励计划和研发计划）、"美国芯片国防基金"（20亿美元，支持国防部研发需求）和"美国国际技术安全和创新芯片基金"（5亿美元，协调盟国供应链）。在5G领域，《2021年美国创新与竞争法案》建议提供15亿美元的应急资金，加快美国5G创新速度，特别是开源5G网络的研发部署，支持西方国家在新的开源技术路线下发展替代华为、中兴产品的电信设备。

为确保大幅增加的财政投入能够精准支持关键通用技术（其中多数与数字经济相关）的研发应用和产业链构建，美国政府正在同步推进基础研究机构调整、共性技术研发扩散体系调整以及全球供应链协作计划。近期备受关注、已取得两党共识的《无尽前沿法案》即包括大量相关条款。为了推动美国在关键新兴科学领域的基础研究和技术进步，该法案提出在国家科学基金会中增设技术与创新理事会，并明确了十个重点支持的初始关键研究领域①，其中六个与数字经济相关。为加强国内各地特色创新能力、推动区域化共性技术研发并向制造业扩散，该法案提出了区域技术中心计划，通过劳动力培训、基础设施改善、创新组织建设、教育机构和科研机构能力提升等系列措施，打造了10~15个区域技术枢纽。为提高关键产品供应来源多样性和供应链韧性，该法案提出在美国商务部设立供应链韧性计划，与私营部门合作监控供应链薄弱环节，降低美国、盟国和伙伴国家的供应链脆弱性。

（四）广泛争取各类伙伴国家，扩大"脱华"数字经济阵营

美国政府在推广所谓民主价值观的基础上，采取金融支持、技术支援等更加多样化的措施，试图将更多传统盟国乃至发展中国家吸引到孤立我国的数字经济阵营之中。

首先，美国政府始终不遗余力地联合传统盟国和伙伴国家，从技术研发、国际标准、贸易规则等入手，构建遏制中国的数字经济联盟。在技术研发上，美国对盟国政府和企业施压，推动开源5G技术路线联合开发和部署；同时依托盟国内部协议和利益协调机制，在集成电路设备、工业基础软件、操作系统等数字经济战略性技术领域对我国实施联合出口管制。在国际标准上，拜登政府强调通过成立新的标准组织、重返现有国际标准组织、争夺标准组织关键席位等方式，掌握全

---

① 这十个初始关键领域是：人工智能、机器学习和先进软件；高性能计算、半导体和先进硬件；量子计算和信息系统；机器人、自动化和先进制造；防灾减灾；先进通信技术；生物、制药、基因组、合成生物学；网络安全、数据存储和数据管理；先进能源、电池和工业效率；先进材料。

球新兴数字技术标准制定的话语权。美国政府还在积极扩大对第三方市场的技术支持，尤其是基于美国主导技术路线的早期决策支持，推动"美式"技术路线和安全原则广泛落地，形成事实标准。在贸易规则上，美国以贸易协议和网络安全伙伴关系为主要抓手，推动形成跨境数据流动、源代码保护、平台免责等新型数字规则。例如，美国在《美墨加协议》和《美日数字贸易协定》中率先突破以往跨境数据流动的主权保留规则，设定了数据自由流动条款，为本国数字经济企业的境外发展开辟了道路。

其次，美国正在转变以往相对忽视发展中国家的传统思路，在互利思路下增加对发展中国家发展数字经济的经济援助和技术援助，引导其在中美数字经济博弈中倒向美国。2018 年以来，联邦政府陆续启动了"数字连接与网络安全伙伴计划""基础设施交易与援助网络"等跨部门数字经济对外援助计划。美国国际开发署以及政府下属的美国国际开发金融公司、国会下属的千年挑战公司也都加大了对发展中国家的数字经济援助力度。2019 年 11 月，美国海外私人投资公司、日本国际协力银行、澳大利亚外交贸易部共同启动"蓝点网络"计划，承诺协助按照该计划规范建设基础设施的发展中国家获得基建投资。在此基础上，《不对称竞争：针对中国的科技战略》报告提出，美国应与盟国共同设立国际科技金融公司，为发展中国家建设所谓"自由价值"的数字基础设施提供更多资金支持。重要智库"战略与国际问题研究中心"2021 年最新报告则进一步建议，除经济援助外，美国还应改变将发展中国家简单视为客户的传统思路，转而将其视为技术合作伙伴，并提供实质性技术援助，甚至是无附加条件的"一揽子联合技术援助"，帮助其融入全球数字经济供应链，从数字技术的开发、生产、服务中获得切实收益，以此吸引其加入美国主导的数字经济联盟。2021 年 6 月，G7 集团启动的"重建更好世界"（Build Back Better World）计划更明确提出，在 2035 年前，七国将努力解决发展中国家新建所谓的"优质"基础设施所需的 40 万亿美元缺口。

三、中国在数字经济领域应对美国抑制的思路与对策

迄今为止，我国数字经济政策多以加快自身发展为首要目标，缺少应对美方战略抑制升级、参与全球数字经济生态治理的系统性安排。面对美国加速构建"去中国化"数字经济阵营的举措，我国有必要从大国博弈角度出发，由被动应对转向主动建设，确立发展与反制并重、自主与联盟并重的总体战略，以此统领内部协同、对美竞争和多边合作。

（一）建设更具协同性的数字经济治理体系

第一，建立集中统一领导的数字经济工作机制。在美国大力构建数字经济"举国体制"的同时，我国仍然缺少统一的对美反制政策体系。建议在国家层面设立数字经济安全与促进领导小组，以分管副总理为最高领导，以工信部为牵头机构，由工信部、发改委、网信办、科技部、财政部、商务部、国资委、外交部等部委主管领导组成。领导小组应着力强化我国数字经济部署的部际协同，对 5G、集成电路、人工智能等数字经济关键技术和战略性产业的发展路径进行跨产业统筹决策和统一领导。

第二，建立沟通有效的专家咨询和决策支持机制。建议数字经济

安全与促进领导小组下设产业链安全委员会、技术委员会、基础设施委员会、商业应用委员会、公共应用委员会、人才保障委员会等专业委员会和专家组，以及数字经济国家基金等其他支持性机构。建议改变此前国务院主要通过临时性小范围研讨、分散了解数字经济不同领域技术发展和竞争动态的做法，在委员会和专家组之间建立常态化的面对面对话机制，及时掌握数字经济发展的最新动态，从被动应对美国战略调整向前瞻性地引导中美博弈走向转变。

第三，进一步提高企业在数字经济战略决策过程中的参与度。目前，我国数字经济的战略决策主体以政府部门和行业公共科研机构为主；企业参与主要体现在事后的政策实施环节，在事前决策中的参与方式以不定期接受政府咨询为主，造成部分政策未能与产业发展尤其是跨产业协同发展的实时需求精准对接。鉴于企业对科技和产业竞争环境变化最为敏感，建议吸纳更多领军企业和核心节点企业的战略性领军人才进入"定方向、定调子"的事前战略决策流程，保证相关决策能够及时有效地响应快速变化的中美数字经济博弈现实。

（二）形成与美国对称的保障条件和配套能力

第一，建立政府主导的科技情报与产业情报合作机制，支撑高质量的数字经济政策决策和战略实施。在情报收集方面，建议积极支持学会、商会、民营金融机构等建立海外分支，或资助建立海外民间智库，提高情报收集的灵活性。在情报分析方面，建议在政府情报收集机构与具备保密资质的国内智库之间建立情报分享制度，将最新的海外情报与优秀的分析能力相结合，深度发掘情报价值。增强自然科学和社会科学研究机构下属智库之间的情报分享与对话，以综合视角提升政策建议的可行性与及时性。

第二，加强供应链、产业链安全管理工作，服务数字经济总体战略。一是将产业链安全管理法律法规政策体系建设、产业链安全治理体系完善、主要管理机构责权界定等工作提上日程，加快建立起权责清晰、多部门协作的产业链安全管理体系。二是初步完成5G、集成电路、工业互联网等数字经济重点产业链的安全摸底和评估，对威胁我国产业链安全的企业和政府政策进行深度分析，形成预警点，提出政策调整和准备方案。三是以融入区域化、本地化的全球产业分工新格局为主线，大力支持我国数字经济战略性对外直接投资，确保我国主体继续深度嵌入全球供应链和创新链，加大美国及其盟国与我国脱钩的难度。

第三，构建"基于国际规则"的高端人才平台和移民环境。近期美国在遏制高科技人才对华流动上频繁采取措施，进一步加剧了中美数字经济人才争夺的制度非对称性。建议我国从制度建设入手，扭转引才弱势。首先，聚焦基础研究领域和我国具备领先潜力的关键新兴领域，集中力量突破美方限制，提升引才精准度和引才质量。其次，加快推动科技体制改革，形成符合国际治理规范和激励规范的科研制度，构建符合全球高端人才规则偏好的国际化引才平台。最后，对用才、留才环节加以精心设计和长期跟踪，缩小我国在多元文化、工作环境、居留环境上的对美差距，确保人才"引得进、过得好、留得住"。

（三）强化数字经济标准和生态治理多边合作

第一，推动数字经济发展导向从"全面赶超"向"不对称优势+全球创新链"转变。目前，我国数字经济政策事实上以"全面赶超"为导向，在美国大力宣扬"中国安全威胁"的舆论环境下，极易造成各国对我国掌握全球数字技术治理权的忧虑。2020年9月，墨卡托中国研究中心发布报告称，考虑到中国的选择性开放态度和输出技术标准的热情，欧洲对华数字经济战略必须以中国的实际行动而不是中欧互利的模糊愿景为依据。对此，我国应尽快确立"不对称优势+全球创新链"的数字经济发展新导向，以开放、合规为基本原则，对照WTO改革要求和全面与进步跨太平洋伙伴关系协定（Comprehensive and Progressive Agreement for Trans-Pacific Partnership，CPTPP）等多边规则，清理调整国内不合规的产业政策，确保我国符合继续融入全球多边体系的条件；同时释放我国数字经济合作并非单一输出"中国标准"的清晰信号，采取比美国更加合作、互利的行动，打造更加有利的国际合作环境。

第二，加强数字经济国际技术标准和安全标准合作。首先，以维护现有国际标准组织尤其是我国已掌握一定话语权的国际标准组织的权威性为首要目标，从国家整体利益出发，策略性地谋求领导席位和专业席位，避免因局部利益影响中美数字经济竞争大局。其次，针对美国试图开发推广新技术路线、分裂全球统一标准的企图，我国应一方面避免标准分裂造成全球市场碎片化，另一方面前瞻性地瞄准多路线布局的技术制高点，加强整体研发攻关和专利布局，形成专利反制能力。最后，倡导发起多国参与的国际数字安全联盟，依托国际电信联盟（International Telecomunication Union，ITU）、第三代合作伙伴计划（3rd Generation Partnership Project，3GPP）等国际通信技术组织成立安全实验室，开展国际公认的安全评估，形成基于技术的数字安全原则、安全标准和话语体系，打破美国单方主导的政治化数字安全体系。

第三，在数字经济特定优势领域与各国共建"脱美"微生态。首先，以新兴领域为突破口，充分利用我国数字平台优势、市场规模优势和应用场景优势，辅以技术标准和技术协议的主导权分享，吸引德、法等欧洲工业强国与我国合作，加快发展面向企业用户的产业互联网平台，培育中欧主导的"脱美"平台体系。其次，建立"脱美"平台的努力不能停留在基于美国底层技术的现有数字经济体系内部进行功能替代，而应结合中欧局部优势（如工业互联网、数字业务云化），构建基于新底层技术的数字经济"微生态"和新标准。为减轻欧洲对我国主导技术标准的担忧，新标准可由欧洲推动形成；只要我国掌握部分"不对称"核心技术优势，则不会出现对欧过度依赖的问题。最后，在"数字一带一路"倡议下，面向中东、非洲、东南亚、拉美等地区发展中国家的现实需求，充分利用我国在信息基础设施和消费者数字应用领域的技术优势和成本优势，通过对数字基础设施建设以及电子商务、移动支付、数字媒体等的一揽子投资，扩大数字经济合作广度和深度。

参考文献

［1］DARPA，2020，"Open，Programmable，Secure 5G Program"，https：//usgovops. org/ops5g/.

［2］The White House，2020，"National Strategy for Critical and Emerging Technologies"，https：//www. whitehouse. gov/wp－content/up-loads/2020/10/National－Strategy-for-CET. pdf.

［3］China Strategy Group，2020，"Asymmetric Competition：A Strategy for China & Technology"，https：//assets. documentcloud. org/documents/20463382/final-memo-china-strategy-group-axios－1. pdf.

［4］The Working Group on Science and Technology in U. S. -China

Relations，2020，"Meeting the China Challenge：A New American Strategy for Technology Competition"，https：//asiasociety. org/ sites/default/files/ inline-files/report_ meeting-the-china-challenge_ 2020. pdf.

［5］ European Commission，2020，"A New EU-US Agenda for Global Change"，https：//ec. europa. eu/info/sites/default/files/joint-commu-nication-eu-us-agenda_ en. pdf.

第二章　集成电路产业全球竞争态势和中国应对战略

一、全球集成电路产业的产业组织和中国地位

集成电路是数字经济众多核心技术的关键投入要素，其生产过程包括三个主要环节，即设计、制造、封装与测试。根据各环节间的分工关系，集成电路产业存在两种主要的商业模式：一种是曾为产业主流模式，但目前只有少数企业沿用的设计制造一体化模式（Integrated Device Manufacture，IDM）。在这种模式下，企业将集成电路生产的全部主要环节内部化，集设计、制造、封装和测试于一身。另一种是由台积电在 20 世纪 80 年代开创，此后快速扩散的"无晶圆厂+代工厂"的设计制造组织间分工模式。在这种模式下，无晶圆厂（Fabrication-less，Fabless）专注于集成电路设计，将制造全部外包给专业代工厂（Foundry）。

21 世纪以来，"无晶圆厂+代工厂"模式占全球集成电路产量的比重从 2003 年的 14.2%增至 2021 年的 34.8%（见图 2-1）；同期，设计制造一体化模式占比则从 2003 年的 85.8%降到 2021 年的 65.2%。这种变化的主要原因有三：第一，由于专业化分工加深，"无晶圆厂+代工厂"模式具有显著的规模经济性，代工厂的制造设备和工艺换代速度高于一体化企业，更接近工艺前沿，因此信息通信产品所需的最尖端芯片①越来越多地由该模式产出（Poitiers & Weil，2021）。第二，由于"无晶圆厂"模式降低了集成电路设计企业利用先进制造工艺的门槛和成本，新进入的集成电路厂商（包括创业企业和跨细分领域的在位企业）往往选择此模式，以求快速推出自主品牌产品，减少自建产能的资金成本和学习成本。特斯拉、联发科、华为海思就是其中的典型。第三，由于自建产能的利用率受企业自有产品销售情况的影响而波动，加之向先进工艺换代的成本越来越高，因此不少老牌企业或是选择从一体化模式转向无晶圆厂模式，或是对外开放自建产能从事代工。以 Intel 和 AMD 之间竞争态势的转变为例，AMD 在 2008 年将原有的、工艺落后的制造业务拆分为代工厂格罗方德，转而委托台积电代工，很快享受到了先进工艺带来的处理器芯片性能提升，市场份额攀升；而 Intel 自有产能的工艺先进性逐渐落后于专业代工厂，造成其市场份额萎缩。同时，为了提高自有产能利用率，Intel 和三星均已进入代工领域，并寻求和主要的无晶圆厂开展合作。

---

① 严格来说，芯片是集成电路的载体，由多个集成电路集合而成，是集成电路产业的最终端产品。因此，本章在产业层次均使用"集成电路产业"一词，在产品层次则多使用"芯片"一词。

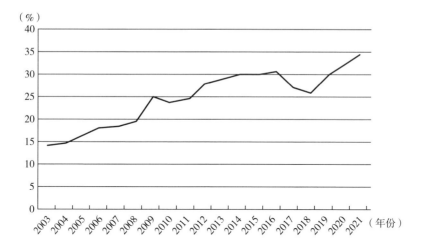

图 2-1　"无晶圆厂+代工厂"模式的全球集成电路销售占比

资料来源：IC Insights，2022，"Fabless Suppliers Hold Record 34.8% Share of Global IC Sales"，https：//www.icinsights.com/news/bulletins/Fabless-Suppliers-Hold-Record-348-Share-Of-Global-IC-Sales/.

"无晶圆厂+代工厂"模式整体上仍将是未来全球集成电路产业的高增长模式，因其进入壁垒较低，更是对中国以及其他后发国家新创企业相对友好的模式。但是，中国企业很可能在关键细分领域采取设计制造一体化模式，或是设计制造一体化模式与"无晶圆厂+代工厂"模式并用，以减少长期断供风险。整体而言，从 2005 年到 2019 年新冠肺炎疫情发生之前，"无晶圆厂+代工厂"模式的规模增速远超全球 IDM 龙头企业 Intel（见表 2-1）。2020~2022 年，受到新冠肺炎疫情、中美贸易摩擦、突发事件冲击等因素叠加影响，代工厂产能紧张，广泛冲击了无晶圆厂及其下游企业。不过，基于前述原因，"无晶圆厂+代工厂"模式仍将是全球集成电路产业分工发展的最主要方向，只是无晶圆厂将更加重视供应链安全。当前，国外龙头无晶圆设计企业并没有因短期供应短缺而自建产能，只是采取加价长单等方式锁定代工厂现有产能，并且与多家代工厂合作以增加供应来源的多元性。比较特殊的是，美国在高端芯片领域的对华封锁持续升级，使得中国无晶圆厂将越来越难以从全球龙头代工厂处获得足够的先进制程产能；在本土先进制程产能尚未形成规模之前，部分对制程要求高、供应需求大的企业有必要自建产能，解决先进制程芯片的供应难题。近年来，杭州士兰微、无锡华润微、比亚迪半导体、格科微、闻泰、卓胜微等国内企业都在向 IDM 模式转型。

表 2-1 2005~2019 年全球代表性企业的营业收入

企业类型	企业	2005 年营业收入（亿美元）	2019 年*营业收入（亿美元）	2005~2019 年营收增幅（%）
IDM 企业	Intel	342	720	110.53
无晶圆厂	高通	35	235	571.43
	博通	27	239	785.19
	英伟达	24	109	354.17
	联发科	15	82	446.67
	华为海思	1	77	7600.00
代工厂	台积电	82	346	321.95
	中芯国际	12	31	158.33

注：*表示部分企业统计的是 2019~2020 财年营业收入。

资料来源：笔者整理。

无论是在设计制造一体化模式下，还是在"无晶圆厂+代工厂"模式下，全球集成电路产业的地理集中度都很高。中国作为后发国家，首先在技术和资金门槛相对较低的商业模式与产业链环节（如封装与测试）上获得了部分市场份额，在门槛较高的商业模式和产业链环节上的份额拓展则十分缓慢。就设计制造一体化模式而言，除少数细分行业专用芯片（如汽车、光伏）领域之外，美国、韩国集中了主要芯片大类的重要 IDM 企业，以其重资产投入构筑了极高的进入壁垒。具体地，美国 IDM 企业在处理器芯片（Intel）、模拟芯片（德州仪器）、存储芯片（美光）这三个主要芯片大类中都占有重要市场份额，韩国 IDM 企业的市场势力则集中在存储芯片领域（三星、海力士）。就"无晶圆厂+代工厂"模式而言，美国和中国台湾地区在附加值较高的设计、制造环节分别占据了全球市场份额的较大比重（见表 2-2）。相比之下，封装与测试环节的附加值较低，地理集中度稍低于其他两个环节，但也保持在较高水平，以中国台湾地区为主。中国大陆企业在各环节的市场份额都在攀升之中，在劳动密集度最高、附加值最低的封装与测试环节的市场占有率最高，2019 年达到了 19%；在进入门槛最高的制造环节，2019 年的市场占有率则只有 6%。

表 2-2　2019 年主要国家和地区在集成电路产业各环节的

全球市场份额　　　　　　　　　　　　　　　单位：%

国家或地区	集成电路设计	集成电路制造	集成电路封装与测试
美国	65	8	13
中国台湾	17	60	53
中国大陆	15	6	19
韩国	—	19	—

资料来源：Bruegel based on IC Insights。

由于芯片种类繁多，各企业专精领域不一，因此全球集成电路产业的企业集中度总体上保持相对稳定状态（见表 2-3）。不过，在资本和研发最为密集的制造环节，规模效应推动专业代工厂的集中度在过去 20 年间显著提高。在"无晶圆厂+代工厂"模式下，90% 的芯片代工产能集中于 5 家公司。其中，美国的格罗方德和中国台湾地区的联华电子已经在 2018 年宣布停止了产能换代投资，专注于生产非尖端芯

表2-3 2008~2021年全球主要集成电路厂商的全球市场份额

单位：%

年份	2008	2009	2010	2011	2012	2013	2014	2015	2016	2017	2018	2019	2020	2021
Intel	13.3	14.6	14	16.5	16.4	15.4	15.4	15.4	15.9	13.8	14	15.7	15.6	12.2
三星	6.8	7.7	9.4	8.9	9.5	9.7	10.2	11.3	11.8	14.6	15.5	12.5	12.4	12.3
海力士	2.4	2.6	3.3	3.1	3	4	4.7	4.9	4.2	6.3	7.6	5.4	5.5	6.1
美光			2.7	2.5	2.3	3.8	4.8	4.1	3.7	5.5	6.3	4.8	4.7	4.8
高通	2.5	2.8	2.4	3.3	4.4	5.5	5.7	4.8	4.5	4.1	3.2	3.2	3.8	4.6
博通			2.2	2.3	2.6	2.6	2.5	2.5	3.9	3.7	3.4	3.7	3.4	3.2
联发科									2.6				2.4	3
德州仪器	4.2	4	4	3.8	3.7	3.4	3.4	3.4	3.5	3.3	3.1	3.2	2.9	2.9
英伟达													2.3	2.8
AMD		2.3												2.7
英飞凌	3.3	2.1												
NEC电子	2.3													
瑞萨电子	2.8	2.5	3.4	3.5	3.1	2.5	2.1	2						
意法半导体	4	3.7	3.5	3.1	2.8	2.6	2.2	2			1.9	2.2		
西部数据									2.7	2.2	1.9			
恩智浦										2.1	1.9	2.1		
铠侠*	4.2	4.2	4.1	3.8	3.5	3.6	3.1	2.7		3.1		2.1	2.2	

注：* 表示2017年由东芝的内存制造业务剥离而来。

资料来源：Statista，https://www.statista.com/statistics/266143/global-market-share-of-leading-semiconductor-vendors/.

片；只有台积电和三星能够生产 10 纳米及以下节点的尖端芯片，且还在进行大规模投资。从 2017 年到 2020 年，三星的芯片产能建设投资超过 930 亿美元，并计划未来 10 年再投资 1000 亿美元（IC Insights，2021）。对需要最尖端芯片的智能手机、数据中心、笔记本电脑供应商而言，台积电和三星在尖端芯片制造方面的寡头垄断造成了严重的供应链风险。此外，三星作为一家 IDM 公司，虽然自 2005 年起对外提供代工，但直到 2017 年才将代工业务独立为子公司，在规模和工艺上都逊于台积电，因此全球代工需求在很大程度上依赖于台积电。

对中国而言，集成电路制造环节的高集中度和芯片代工的高对外依存度，使得数字经济相关的信息通信产业市场主体面临很高风险。一方面，成熟制程产能是当前全球芯片代工市场缺口最大的产能，也是各家无晶圆厂争取稳定供应的重点。与高通、博通等全球龙头企业相比，中国多数无晶圆设计企业的芯片需求份额不大，在争取全球成熟制程代工产能时处于不利位置，产能分配和排期优先级都比较低。另一方面，美国通过长臂管辖实施尖端芯片和制造设备对华禁运，需要最尖端芯片的大陆企业已经处于被断供状态。这种情况下，中芯国际、华虹集团等国内龙头代工企业的产能增长和工艺提升至关重要。作为最负厚望的大陆芯片代工厂，中芯国际 2020 年第四季度的全球市场份额是 4%（见图 2-2），到 2021 年第四季度上升到 5.2%。在产能上，中芯国际仍在继续扩产，并在北京、深圳、上海三地新建 12 英寸晶圆代工产线；预计三地项目建成满产后，中芯国际总产能将实现倍增。在工艺上，中芯国际 2022 年已经实现 14 纳米芯片工艺大规模量产，但制造设备仍然依赖于国外进口零部件，其产能稳定性和服务对象仍然受到美国长臂管辖的影响。

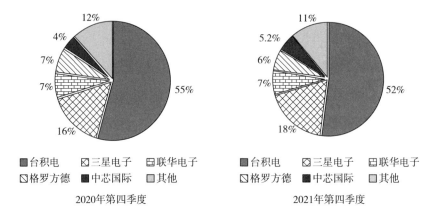

图 2-2 全球主要代工厂的营收份额占比

资料来源：2020 年数据来自 Statista，2021 年数据来自集邦咨询。

二、近期全球"芯片荒"的成因及其对中国的影响

在集成电路产业中，芯片短缺是一种周期性现象。专业代工厂的建设周期平均需要两年，此后至少四年才能达到收支平衡（Bauer 等，2020）。由于芯片产能无法迅速调整，因此自 1990 年以来，每隔 4~5 年，随着新的代工厂批量投产，芯片产业都会出现 12~15 个月的价格战，致使单个厂商的销售业绩下降（Duthoit，2019）。2020 年开始的"芯片荒"，就是在 2019 年全行业销售收入下降 12% 之后出现的。但是，与此前仅仅由于投资周期造成的芯片短缺有所不同，2020 年出现的"芯片荒"事件是芯片产能与需求错配、中美科技竞争加剧等结构性因素与新冠肺炎疫情、自然灾害等偶然性因素叠加发酵的结果。

首先，新冠肺炎疫情的暴发和全球蔓延导致芯片需求激增，汽车

产业长期推崇的"零库存"精益生产（JIT）更是放大了突发疫情造成的需求波动。2020年初，新冠肺炎疫情暴发后，长期居家办公和生活拉动了对手机、平板电脑等智能终端产品的需求，进而带动了大规模的消费芯片需求增长。同时，汽车厂商削减了芯片订单，代工厂随之将富余产能重新分配给其他产业，特别是信息通信产业的主要客户。随着全球汽车产业在2020年底恢复生产，之前被配置到其他产业的代工产能难以快速回流，芯片短缺问题首先在汽车产业特别是新能源汽车部门爆发，产线因此中断成为普遍事件，全球有70%的主要车企曾在2021年暂停生产线（Avnet Silica，2022）。以"精益生产"（JIT）闻名的丰田也不得不改变策略，开始告诉部分供应商，将半导体产品库存水准从3个月调高至5个月。同时，芯片短缺继续向家电、手机、电脑、物联网终端等领域蔓延，最终演变为波及多数国家和整个工业体系的全球性"芯片荒"。根据海纳集团始于2017年的监测数据，2020年12月到2022年5月，芯片交货期基本保持高速攀升的态势，除在2022年1月略有下降外，整体上从平均14.6周增加到27.1周（见图2-3）。2022年5月之后，平均芯片交货期总体上开始缩短，但少数部门的芯片供应情况还在恶化，尤其是汽车制造商和工业设备制造商所需的专用芯片。例如，电源管理芯片的交货期还在延长，从6月的31.3周增加到7月的32周。

其次，美国对中国企业的持续打压破坏了全球芯片生产秩序，引发了尖端芯片的大范围恐慌性囤货，严重挤占了中低端芯片产能，进一步恶化了芯片供给结构性问题。中美贸易摩擦以来，美国对华科技打击逐渐向"小院高墙"战略聚焦，在避免与中国科技全面脱钩的同时，对尖端芯片等中国自主供给严重落后的领域实施越来越严格的精准打击。2020年5月，美国商务部发布新的《出口管理条例》，进一步扩大对华为及其在美国"实体清单"上的关联公司的芯片禁运范围；该条例于当年9月15日生效，此后但凡是使用美国技术或设备开展生产的芯片企业，都需要事先向美国政府申请，获得许可证后才可以为华为供货。此后，华为加快了尖端芯片采购步伐，以尽可能扩大库存。OPPO、小米等其他中国手机制造商纷纷增加芯片存货，不少国外企业也加入了对尖端芯片产能的争夺。由于这类尖端芯片的附加值更高，芯片代工厂都选择压缩用于其他产业（如汽车产业）的产能，全力供给手机等电子消费品的芯片。2020年，台积电营业收入的48.18%来自智能手机用芯片，车用芯片的贡献仅占3.31%。智能手机用尖端芯片暴涨的囤货需求大幅挤占了中低端芯片产能，中低端芯片供给的结构性不足又引发了中低端芯片用户的恐慌性囤货，进而在高中低端各层级芯片市场上都形成了累积效应，全面加剧了芯片供给缺口。

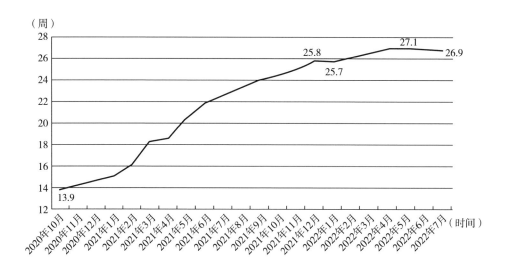

图 2-3　2020~2022 年全球芯片平均交货期

资料来源：Susquehanna Financial Group。

再次，制造环节高度集中的市场结构、较低的供给弹性使得代工厂无法对市场需求实现快速响应，进一步加剧了"芯片荒"问题。如前所述，全球集成电路制造产能高度集中于少数代工厂，台积电一家就占据了全球一半以上的代工市场份额。在高度集中的卖方市场下，面对供不应求的局面，代工厂更倾向于提价而不是扩大产能，价格上升又会进一步引发市场恐慌囤货，形成了芯片短缺的恶性循环。此外，芯片制造工艺复杂、投资规模大、投资建设周期长，短期供给弹性较低，导致代工厂难以快速响应市场需求，从而进一步恶化了"芯片荒"问题。2020年以来，台积电、三星、联华电子、格罗方德、中芯国际等全球前五的代工厂和华润微、士兰微、华虹等国内主要代工厂都在新建晶圆生产线，或有意在短期内投资扩产项目（见表2-4）。鉴于代工从项目规划到建成投产往往需要3~5年，2020年启动的新一轮扩产浪潮并不足以在2022年前形成稳定的有效产能。

表2-4　2020~2022年国内外主要代工厂的扩产项目和计划

代工厂	扩产项目或计划
台积电	2021年6月在美国亚利桑那启动新建一座12英寸晶圆厂 2022年4月在日本熊本启动新建一座12英寸晶圆厂（与日本索尼和日本电装合资） 计划在中国南京新建一座12英寸晶圆厂 将于2022年到2023年在中国台湾地区新建12英寸晶圆厂
三星	在美国得克萨斯州新建12英寸晶圆厂
联华电子	2021年7月在中国台湾地区启动新建一座12英寸晶圆厂（南科P6厂） 2022年7月在新加坡启动新建一座12英寸晶圆厂（Fab12i P3厂）
格罗方德	2022年底之前决定晶圆厂扩产的具体选址（新加坡、美国纽约或德国）
中芯国际	正在北京、上海、深圳新建3座12英寸晶圆厂 2022年8月宣布将在天津新建一座12英寸晶圆厂
华润微	成立合资公司润西微电子，在重庆新建一座12英寸晶圆厂 在大湾区建设12英寸先进工艺芯片产线

续表

代工厂	扩产项目或计划
士兰微	增资厦门士兰集科，用于12英寸高压集成电路和功率器件芯片技术提升及扩产
华虹	增资华虹无锡，扩产12英寸晶圆厂

资料来源：笔者整理。

最后，偶然性事件叠加冲击，也对全球芯片供给造成了累积性破坏。2021年，美国、日本、韩国、马来西亚相继出现暴风雪、火灾、停电、疫情封锁等事件，进一步破坏了芯片产能，扩大了供需缺口。2021年2月，美国得克萨斯州遭遇暴风雪，严重停电。得克萨斯州是三星、恩智浦、英飞凌等龙头芯片企业的重要生产基地，三星、恩智浦大约1/3的芯片产能都设在该州奥斯汀；受停电影响，这些厂商的芯片生产基地都相继停工。此外，得克萨斯州还有集成电路产业链的不少重要上游公司，如应用材料公司（集成电路生产设备和服务供应商）、Qorvo（射频系统供应商）、德州仪器（半导体设计与制造）等。因此，此次暴风雪不仅直接影响了本地芯片生产，还导致其他国家和地区芯片上下游配套产品供给不足，间接影响了其他地区的芯片生产。同月，三星在韩国华城的芯片厂也遭遇计划外断电，造成产线停产。2021年3月，全球最大汽车芯片制造商之一日本瑞萨电子公司的一处重要工厂发生火灾，使全球汽车芯片供应更加紧张。2021年6月，马来西亚因疫情关闭大多数企业，而马来西亚企业在芯片封测领域占较大比重，对全球芯片供货也造成了较大影响。

总体来看，近期全球"芯片荒"对中国的影响集中于28纳米及以上成熟制程芯片以及部分14纳米制程芯片，使得汽车、物联网终端等使用低端芯片的产业领域面临冲击。与此同时，中美贸易摩擦以来，美国在7纳米及以下先进制程芯片领域全面强化对中国的封锁打击，使得手机、计算机等高端电子产业也面临着严重的产业安全问题。全球"芯片荒"叠加美国在高端芯片领域的封锁打击，对中国集成电路全产业链及相关产业造成了全面冲击。

第一，芯片采购成本上升，进一步加大了中国在 5G、千兆光网、人工智能等新一代信息技术领域的垂直应用创新难度，影响数字经济的发展步伐。"芯片荒"最直接的影响就是 2020~2021 年芯片涨价呈现出频率高、幅度大的特征，并由代工环节向全产业链蔓延。2020 年下半年，部分代工厂就已开始调涨新订单价格，涨幅在 10%~20%。当年年底，由于产能满载，加之 5 纳米制程和 7 纳米制程的高端芯片订单大增，台积电宣布取消了以往面对大客户时 12 英寸晶圆订单 3% 的折扣，相当于变相涨价。到 2021 年上半年，全球代工厂的部分芯片产品已经涨价 30%~40%。台积电逐季上调 12 英寸晶圆价格，最高涨幅达到了 25%。除代工环节以外，涨价潮还开始向集成电路全产业链蔓延，覆盖了从晶圆到材料、到印刷电路板再到封装的各个环节。进入 2022 年，消费电子市场需求持续减弱，部分芯片价格虽然从 2021 年高位大幅走低，但仍然高于 2020 年"芯片荒"爆发时的常态价格。例如，意法半导体的一款微处理芯片曾是 2021 年最紧俏的芯片产品，价格一度达到 3500 元左右，2022 年下滑到 600 元左右，降幅超 80%，但还是远远高于 2020 年的常态价格（10 元左右）。当前，正值全球数字经济竞争的关键时期，中国已经在 5G、千兆光网等新一代信息基础设施领域取得领先优势，但下游垂直应用创新相对缓慢。"芯片荒"引发的涨价潮导致终端、模组等价格上升，进一步加大了工业互联网、物联网、智慧家居、智慧城市、智慧工厂等新一代信息技术垂直应用创新的成本和难度。

第二，高质量专用芯片供给总量不足，在一定程度上影响了中国新能源汽车产业竞争力和基于新技术路线的创新能力。当前，汽车产业正处于传统燃油企业向新能源汽车转换的关键时期，中国新能源汽车领域也已经形成了以蔚来、理想、小鹏等为代表的造车新势力。然而，新能源汽车对芯片的需求数量和质量要求都有所提升，而车规级芯片具有"高可靠性、高安全性、高稳定性"的"三高"要求，目前90%以上依赖进口；关键系统所需芯片几乎被国外垄断，自主率只有5%～10%，因此车规级芯片供给对中国新能源汽车产业发展具有很大的影响。根据中国汽车工业协会的分析结果，2020年1～2月，中国整车生产企业因芯片短缺问题减产5%～8%。由于汽车芯片涉及车规认证周期、需求突增、供应链体系管理等问题，车规级芯片的扩产速度比其他芯片更慢，全球车规级芯片大厂（包括英飞凌、恩智浦、德州仪器、意法半导体等）短期可转到汽车领域的供给增量非常有限；而在"芯片荒"情况下，这些国外企业必然优先保障对特斯拉等国外汽车企业的芯片供给。即便在2022年消费电子用芯片短缺问题有所缓解时，车规级芯片供应依旧保持紧缺态势。鉴于短期内中国还无法实现车规级芯片的进口替代，如果"芯片荒"问题长期持续，不仅会造成中国汽车企业减产，而且会影响中国在新能源技术路线上实现汽车产业赶超的可能性和速度。

三、美国集成电路产业政策动向及其对中国的影响

尽管美国芯片销售收入占全球销售收入近半，但长期以来制造环节的外包使得美国芯片制造占全球市场份额从20年前的37%下降到

2021 年的 12%左右。2020 年开始的"芯片荒"进一步凸显了芯片制造空心化带来的产业安全问题，引起了美国政府的高度重视，开始全面推动芯片制造能力提升和全球产业生态重塑。为此，美国集成电路产业政策的战略导向整体由过去单纯强调保留本土高端芯片和设备研发能力向推动研发和制造活动回流美国转变。2021 年 2 月，拜登签署总统令，要求对集成电路、稀土等重点产业实施为期 100 天的安全审查。6 月，白宫发布《构建有韧性的供应链、振兴美国制造、促进更大范围的经济增长：行政令 14017 的 100 天评估》（以下简称《百日评估报告》）。该报告指出，依靠国外代工厂（尤其是亚洲代工厂）进行芯片制造给美国集成电路产业带来了巨大的供应链安全风险，新冠肺炎疫情防控期间的芯片短缺就是这一风险的集中体现。为此，美国应强化政府在芯片制造和创新能力提升过程中的作用，通过颁布新的联邦法律、利用《国防生产法案》等手段，重建芯片生产和创新能力，构建具有可持续竞争力的产业生态体系。《百日评估报告》的出台，标志着美国协同推进芯片研发和芯片制造能力提升的国家层面集成电路战略已经成型。在这一战略下，美国积极推动高端芯片制造能力向美国及其忠实盟国转移，重构全球芯片制造版图，试图在提升本土芯片供给能力和自身产业链安全水平的同时，强化对中国高端芯片封锁的主动性和控制力，迄今为止的主要动作和影响如下：

第一，通过政治施压、战略合作、提供补贴等多种手段，推动台积电、三星、格罗方德等龙头代工企业在美建厂。当前，全球 70%以上的芯片制造能力都集中在台积电和三星两大企业。尽管美国可以通过长臂管辖限制这些企业为中国企业代工，但并没有直接的控制能力。基于美国汽车企业"缺芯"的困境，美国商务部已经对台积电、三星、格罗方德等公司施压，要求短期内优先满足美国汽车制造商的需求，并为其扩产提供针对性激励。2020 年，台积电宣布将斥资 120 亿美元在美国亚利桑那州新建 12 英寸晶圆厂；该工厂于 2021 年 4 月动工兴建，2022 年 7 月完成基础设施施工，即将开始安装设备进行调试，预计将在 2024 年建成投产，初期月产能为 2 万片 5 纳米制程芯片。2021 年 2 月，美国国防部与格罗方德建立战略合作伙伴关系；格罗方德宣布将在其总部纽约州马耳他市附近建设第二座工厂，用于生产美国国防所需要的芯片，提供安全可靠的芯片解决方案。2021 年 5 月，美国政府通过提供减税、支援稳定的水电供应等激励措施，支持三星在美国得克萨斯州奥斯汀兴建新代工厂。根据 2021 年 6 月 17 日《纽约时报》报道，美商务部官员一直在与国会谈判，希望能够形成一个补贴芯片制造的标准方案，进一步吸引其他芯片制造企业赴美投资。值得注意的是，台积电、三星等在美新建的芯片产线都是 5 纳米以下的先进制程产线，其在美落地将进一步加大美对华高端芯片封锁和打击力度。

第二，以意识形态为纽带，联合盟国构建内部循环的集成电路研发和制造体系，构建起对华芯片封锁圈。拜登政府对华科技打击的重要战略之一，就是联合盟国，形成对华科技封锁的统一阵营。目前，美国正将这一战略应用到集成电路领域。《百日评估报告》就提出强化与盟国的芯片制造和研发合作，鼓励代工厂和原材料供应商在美国和其他盟国、合作伙伴地区投资，以构建多样化的芯片供应商基础。2021 年 4 月 15 日，曾于 2019~2021 年担任美国国家安全副顾问的波廷格在美国国会会议上建言，应当改变美国当前出于保护部分集成电路企业利益，而允许其向中国出口芯片制造设备的做法。如果美国及其盟友构建起将中国孤立在外的、芯片研发制造的内循环体系，将降低美国全面禁止对中国出口高端芯片及其生产设备的损失和成本，促进美国对华实施芯片封锁。

第三，构建一揽子长期性、标准化的集成电路产业政策体系，为夯实美国芯片制造能力提供持续的制度保障。为应对芯片短缺问题，加快提升美国芯片制造能力，美国在《百日评估报告》等文件中提出了一揽子长期性、制度化的支持政策：一是设立半导体制造和研发基金，补贴在美芯片制造项目。《百日评估报告》建议国会提供至少500亿美元的基金支持国内先进芯片制造发展。二是完善美国芯片制造生态。《百日评估报告》提出落实拜登《美国就业计划》中提出的观点，提供激励措施以支持半导体制造设备、材料和气体以及下游产业，抵消美国芯片制造的高运营成本。三是为美国芯片产业建立多元化的人才通道。通过投资 STEM（Science，Technology，Engineering，Mathematics）人才、基于行业的培训计划、改变移民政策等方式吸引世界上最优秀的芯片人才。

美国集成电路产业政策的转变，集中体现为2022年8月拜登签署的、总额高达2800亿美元的《芯片和科学法案》（以下简称《法案》）。《法案》出台的基本背景是在1991年公布的《日美半导体协议》之后，美国集成电路产业的全球领导力再次受到东亚国家的挑战，《法案》的本质是试图通过再次强化国家意志和国家力量对芯片产业的强力干预，促使集成电路产业全球竞争规则朝着有利于美国的方向发展，推动全球集成电路产业发展主导逻辑由企业间竞争向国家间对抗演变。在20世纪90年代之前的 IDM 模式下，全球集成电路产业链的基本结构是美国的单极主导和美国全产业链内循环；90年代以后，伴随着"无晶圆厂+代工厂"的兴起，以及韩国三星等为代表的东亚企业在设计制造一体化模式下的赶超，全球集成电路产业链向美国、东亚、欧洲多中心化和全球产业链大循环的方向发展。此后，美国在底层软件（如 EDA）、芯片设计和大部分装备领域（全球超过 50% 的集成电路装备由美国企业研制）继续保持领先，但日本在基础材料和装备、中国台湾地区在晶圆制造、韩国在晶圆制造和动态存储、欧洲在 EUV 先进光刻机等领域分别形成了各自的核心能力。更重要的，中国集成电路产业在自主创新战略的顶层统领和科技重大专项等产业政策的具体牵引下，实现了产业链总体"从无到有"、局部环节（如封测）"由弱到强"的快速赶超和突破，强有力地支持了中国在数字经济领域的对美抗衡。在这样的背景下，《法案》站位重构全球芯片产业链和创新系统，试图推动全球集成电路产业链和创新网络实现"美国中心化"和"去中国化"。

一方面，《法案》通过向在美投资半导体工厂和购买设备、半导体工人培训提供直接资金扶持或税收抵免，配合设立微电子共同基金，加强对集成电路研发和制造的支持，推动集成电路高端要素特别是高阶制程芯片制造能力（美国、日本、韩国和中国台湾地区占全球集成电路晶圆制造产能的份额分别为 11%、15%、23% 和 21%）向美国集聚，同时更有效地抑制台积电和三星对 Intel 开展侵略性定价，全方位破解美国高阶制程芯片制造能力和总体芯片制造份额衰落的瓶颈。另一方面，《法案》通过禁止获得联邦资金的集成电路企业十年内与中国大陆进行任何"重大交易"或投资先进制程（主要是 5 纳米及以下）芯片，迫使台积电、三星等企业"选边"，深化所谓"芯片四方联盟"的利益联结和合作强度，抑制先进芯片工艺和技术落地中国，阻碍中国深度融入全球集成电路产业链和创新网络，达到先进制程产业链"去中国化"目标。2022 年 10 月 7 日，美国商务部产业与安全局（BIS）宣布若干针对中国集成电路产业的出口管制措施，严格限制向中国出口高端芯片以及相关技术、设备；同时规定，未经 BIS 事先许可，美国企业、公民、绿卡持有者及其他"美国主体"不得直接或间接支持中国高端芯片研发和制造。这无疑是《法案》中对华战略的延续。

总体来看，《法案》对中国集成电路产业的主要影响是扼前路，而非断后路。由于中国庞大的芯片市场需求，完全贸易脱钩会造成美国、中国台湾地区、韩国和日本企业巨额的营收损失，因此《法案》推动的中美集成电路产业链脱钩至少到目前为止并不是全产业链脱钩，而是针对5纳米及以下高阶制程产业链的脱钩。这种高阶脱钩可能对中国芯片制造龙头企业在先进制程的赶超形成抑制作用，使得中国在既有技术路线上的7纳米技术提升、5纳米和3纳米技术突破面临更加严峻的挑战。但是，虽然在集成电路部分领域中国面临"卡脖子"困境，但一个重要事实是，中国已经成为全球集成电路产业链体系最为完整的国家，特别是已经形成了28纳米及以上较为完备的研发体系和生产制造体系，而目前全球约4/5以上的芯片是基于28纳米及以上的成熟制程生产的，28纳米至7纳米工艺将在相当长时期内保持电子器件和数字应用主流工艺地位（叶甜春，2021）。所以，《法案》对中国集成电路高阶制程的打压，从供应链看主要影响的是部分消费电子高端机型和部分数字应用，对中国电子信息和数字经济的打击并不是全局性的。考虑到先进制程晶圆制造在美国落地投产至少需要5年以上时间，而台积电、三星等领先企业高阶制程开发的产业化速度随着半导体"摩尔定律"接近极限而放缓，只要战略和政策得当，中国集成电路仍然掌握赶超机会窗口。

四、应对集成电路产业竞争新态势的战略建议

美国认为中国集成电路等战略性产业的快速发展是由于中国大规模采用了产业政策，所以试图通过"找回产业政策"遏制中国集成电路等战略性产业的赶超。中国在 20 世纪 90 年代曾一度放弃了对培育自主可控集成电路产业链的支持，导致今天中国集成电路产业发展的滞后。2008 年以来，中国集成电路在国家自主创新战略的指导下重拾发展势头。如今面对"芯片荒"和美国的极限打压，中国既需要克服短期"芯片荒"、实现芯片供给和需求实现短期再平衡，恢复正常市场秩序；更需要着力解决中国芯片研发和制造能力不足、关键核心技术"卡脖子"等结构性问题，以使中国芯片研发和制造能力全面提升，推动全球芯片制造版图重塑和能力再平衡。为此，中国唯有制定更具洞见性的产业竞争战略，并以更有效的组织模式和政策体系将其付诸实施，才可能确保集成电路产业持续追赶甚至超越。

从短期来看，中国应对"芯片荒"要以降低市场短缺、防止结构性过剩为重点。首先，通过推动加强全行业和跨行业的信息沟通，避免因恐慌性库存形成短缺假象，防止"芯片荒"对中国新能源汽车企业的竞争力造成损害。当前芯片短缺的一个重要原因就是企业恐慌性囤货（甚至炒作）打破了芯片产业原来的市场秩序，夸大了市场供需缺口，这本质上是由信息不对称导致的结构性供给失衡。对此，应发挥政府、行业协会（如汽车产业协会、中国半导体产业协会等）、产业联盟（如集成电路创新联盟）以及公共服务平台的信息发布作用，

通过召开会议、发布报告等方式向市场准确传递芯片需求和供给信息，通过消除信息不对称性来强化市场机制作用，实现市场供求再平衡。其次，应警惕"芯片荒"演变为"芯片过剩"。针对未来可能出现的芯片过剩风险，尤其是低端芯片供给过剩风险，政府部门要强化对芯片产能的监测和统计，并及时向国家发改委、工信部等行业主管部门报送产能数据，建立产能过剩预警机制，引导市场进行理性投资，防止过度投资。

从中期来看，中国应重点提升芯片制造能力点，尤其是先进工艺制程的市场占有率。当前，全球芯片制造产能高度集中在台积电、三星等龙头企业，高度集中的市场导致产业链韧性下降、产业安全问题更加突出，在美国加快推动自身芯片制造能力提升的背景下，全球芯片制造版图将发生重构、实现再平衡，我国要紧抓这一战略契机，加快推动芯片制造产能提升，尤其是要提高高端产能的供给。首先，强化下游企业与本土代工厂的合作，以超大规模和多样化的本土需求，推动本土芯片制造能力提升。我国有世界级的芯片需求市场，是培养世界级芯片企业最好的摇篮，但当前大规模市场需求培育大规模芯片制造企业的能力没有充分发挥。建议通过国产化补贴、政府采购、成立产业联盟等方式引导芯片需求企业加大本土采购数量，培育中芯国际、华虹等本土晶圆代工厂，全面提升本土晶圆代工厂产能和市场份额。其次，各级政府应优化芯片补贴资金使用方式，制定更加科学、更高要求的补贴方式，避免由于各地大量补贴而导致低端半导体的产能过剩以及恶性竞争，损害创新型半导体企业的盈利能力而导致破坏我国半导体企业的赶超势头。

从长期来看，宝贵的机会窗口能否最终兑现为中国集成电路产业的赶超事实，则取决于中国对美反制行动的有效性。面对美国的强势打压，中国集成电路唯有形成有效的顶层竞争战略，最充分地发挥自身的制度优势和政策优势，最大化地激发创新主体的创新抱负，最有效地整合利用国内外资源，才能在技术和产品处于绝对劣势的情况下实现追赶甚至超越。在中国集成电路对美反制和竞争的整个框架中，有效的产业竞争战略是中国集成电路能否变被动为主动的关键。遗憾的是，既有的经济学研究常常将国家间竞争简化为效率竞争，产业竞争战略在经济学研究框架中缺位，而这样的学术研究和政策建议也常常误导政府将注意力过度置于产业政策、贸易政策等"运营"层面的因素。在全球竞争秩序重构和中美博弈的背景下，中国的政策研究和学术研究亟须超越传统的产业政策思维，重新找回产业竞争战略，推动中国集成电路产业实现"战略制胜"。

中国集成电路产业战略制胜的前提是坚持战略定力，避免犯战略性错误。美国政府极限打压中国集成电路产业的目标是破坏中国在高阶制程领域的供应体系和知识网络，从根本上抑制中国集成电路产业发展的能力。当前虽然数字经济需求快速发展和短期进口替代为中国集成电路企业规模、收入扩张提供了增长动力，但企业漂亮的财务报表背后隐藏着技术能力持续提升路径被封堵的长期风险。集成电路属于技术高度复杂、研发强度和创新风险极高的产业，即便是美国也要动用《芯片和科学法案》强化其企业研发投入，作为后发国家的中国更需要通过政府持续大规模投入弥补市场失败，与快速增长的国内市场需求一起构成中国集成电路赶超的强大动能。要避免高速增长形成的光环效应，消除观望思想和各自为政的状态，加快推动政府管理部门和产业界精英的对话，形成中国集成电路产业长期应对美国压制的战略共识，锚定中国集成电路赶超甚至领先的战略方向和关键领域，加快推进科技重大专项、集成电路大基金等政策的紧密衔接和配套跟进，以产业持续高强度投入支撑持续跟进赶超。

中国集成电路产业战略制胜的关键是形成战略方向明确、实施策略灵活的对美竞争战略。首先，在既有 FinFET（鳍式场效应晶体管）主流技术路线的对美竞争方面，加强技术赶超强度，逐步培育应用牵引的竞争优势。一方面，通过加强对本土企业的资金、人才、共性技术支持，加快实现"卡脖子"环节突破，特别是在 14 纳米、7 纳米制程的设备、工艺和材料实现关键技术攻关和商业化替代，努力缩短"卡脖子"领域替代进程。另一方面，通过发掘中国在数字经济领域的独特应用场景优势，通过协调底层硬件、基础软件、材料、设备、系统集成商和用户的研发、生产和应用，带动行业层面的整体能力提升，将中国在既定技术路线的局部优势逐步提升为系统级别的优势，推动中国集成电路产业既有技术路线由技术性替代向商业化替代迈进。其次，通过开辟新技术路线实现从"路径追赶型"向"路径创造型赶超"的跨越，力争形成对美非对称竞争优势。随着基于尺寸缩微的既有技术路线逐渐逼近摩尔定律极限，台积电、三星、Intel 等企业在既定技术路径持续保持绝对领先优势的难度不断加大。通过在 FDSOI（全耗尽型绝缘体上硅）、三维晶体管及集成技术、芯片架构等新路径方面加大研发强度、强化需求牵引、完善创新系统，从根本上走出一条不依赖既有美国主导的供应链体系的创新路径。

中国集成电路产业战略制胜的保障是形成国内战略合力和全球战略牵引力。一方面，要通过全局协调，实现内部战略合力。中国移动通信产业赶超的经验表明，美国的制度体系虽然有利于突破性技术的大量涌现，但中国如果在政府牵引和市场竞争过程中协同创新、统一推进，则完全有可能在"产业"层面实现对美竞争优势（贺俊，2022）。可以预期，中国集成电路产业如最终以弱胜强，一定是由于政府管理部门、企业、用户、科研院所、大学和金融机构在不抑制市场竞争的前提下形成了强大的创新系统合力。在这个合作竞争框架下，政府通过构建统一组织体系实现了由"导航机构"（Öniş，1991）承担的跨部门统一指挥和资源调动，统一指挥部门通过科技重大专项等有力的政策手段实现了对全创新系统研发、制造、应用、投融资活动的"全局协调"。另一方面，要通过调整全球合作战略，构建新的、不以美国为中心的全球创新网络。针对美国通过禁售、选边等策略"去中国化"的企图，在 FDSOI 等各国利益冲突最小的新赛道更早、更快、更有力地构建与国际社会更加"激励相容"的合作网络，充分发挥中国的需求牵引优势和技术优势，推动国际标准组织和合作机构发展，在新技术领域形成中国与全球互利共赢的研发和供应体系。同时，在技术和市场相对成熟时，鼓励中国企业以独资、合资、合作等多种形式在政治友好或中立的国家投资设立研发中心和工厂，进一步降低利用全球创新要素和市场的成本，构建多来源、多节点的以我为主的全球创新网络。

参考文献

［1］贺俊：《政府在新兴技术产业赶超中的作用：产业政策研究的一个新视角》，《中国社会科学》2022 年第 11 期。

［2］叶甜春：《中国集成电路制造产业现状与展望》，http：//www. ime. cas. cn/icac/newsroom/newsroom_ 1/202111/t20211104_ 62418 90. html。

［3］Bauer H. , Burkacky O. , Kenevan P. , et al. , 2020, "Semiconductor Design and Manufacturing：Achieving Leading‐Edge Capabilities",

McKinsey.

［4］Duthoit A.，2019，"A 2020 Semiconductor Slump Will Send Shockwaves across the Global Electronics Industry"，https：//www. allianz. com/en/economic_ research/publications/specials_ fmo/ Semiconductor_ 30102019. html.

［5］IC Insights，2021，"Samsung and TSMC Seeking to Spend Their Way to Worldwide Domination of Advanced IC Technology"，https：// www. icinsights. com/news/bulletins/Samsung－And－TSMC－Seeking－To－，Accessed on September 9，2022.

［6］Öniş Z.，1991，"The Logic of the Developmental State"，*Comparative Politics*，Vol. 24，pp. 109－126.

［7］Poitiers N. F.，Weil P.，2021，"A New Direction for the European Union's Half － Hearted Semiconductor Strategy"，https：//www. bruegel. org/policy－brief/new－direction－european－unions－half－hearted－semiconductor－strategy.

［8］Silica A.，2022，"Taking Stock of the Supply Chain Crisis：Lockdowns and Shortages Cost Automotive Manufacturers over ＄500 Billion"，https：//www. avnet. com/wps/portal/silica/resources/ article/lockdowns－and－shortages－cost－automotive－manufacturers－over－500－billion/.

第三章　通信产业竞争范式转换和中国发展战略

一、中国通信产业的发展现状与突出特点

通信产业是构建国家信息基础设施，提供现代通信和网络服务，全面支撑经济社会数字化、智能化转型的战略性、基础性和先导性行业。狭义的通信产业即是电信业，一般包括通信设备制造和通信服务两大部分，前者包括通信器件、模块、光纤、交换机、路由器等通信系统设备制造；后者则主要提供通信服务，包括基础电信服务和增值电信服务。随着互联网、云计算、大数据、人工智能等新兴技术的发展，信息通信服务的内涵已由传统的电信服务向互联网、物联网服务等新兴业态延伸。"十三五"期间，党中央、国务院以及工信部等行业主管部门高度重视通信产业的发展，出台了《国家信息化发展战略纲要》《"十三五"国家信息化规划》《信息通信行业发展规划

（2016—2020 年）》等纲领性和指导性文件，有力地推动了中国通信技术和产业超前部署发展。中国通信产业也实现了跨越式发展，通信技术和通信设备产业实现了从"跟跑、并跑"到"领跑"的历史性跨越。

（一）通信基础设施加速升级，全球领先地位进一步巩固

"十三五"期间，中国实现了通信基础设施的代际转换和全面升级。在移动通信方面，实现了从 3G 到 4G、从 4G 到 5G 的两代跨越。2013 年底，工信部向三大运营商发放 4G 牌照，4G 开始全面建设商用，"十三五"时期是 4G 建设和商用加速推进时期，实现了 4G 深度覆盖和全面商用，4G 基站数量占全球一半以上。由图 3-1 可见，4G 基站数量从 2016 年的 263 万个上升到 2019 年的 590 万个，增加了 2 倍多；3G 基站数量从 2016 年的 142 万个下降到 2018 年的 117 万个。从用户数量来看，"十三五"之前（2015 年）4G 用户数量只有 3.9 亿，到 2019 年 4G 用户数量增加到 12.8 亿，增加了 228%。2019 年 6 月 6 日，工信部向三大运营商和广电发放 5G 牌照，标志着中国 5G 开始建设和商用。5G 网络具有高速率（最高速率 1 千兆比特/秒）、低时延（毫秒级端到端时延）、广连接（每平方千米百万连接数）的特征，将带动通信产业从人与人连接的 1.0 时代走向人与物、物与物智能互联的 2.0 时代。截至 2022 年 5 月底，中国已建成 5G 基站累积数量超过 160 万个。从 5G 用户数来看，由 2020 年 5 月底到 2021 年，中国 5G 用户数已经从 5560 万增长到 3.55 亿。2022 年 6 月，中国 5G 渗透率创新高，其中中国电信 5G 套餐用户渗透率已经超过 60%，达到 60.29%。目前，中国 5G 基站数量和用户数均在全球领先。

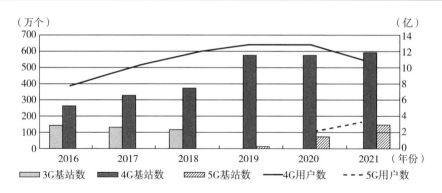

图 3-1　2016~2021 年中国移动通信基站数量和用户数量变化

资料来源：历年工信部《通信业统计公报》。

在固定通信方面，中国也已进入以 10GPON 技术为核心，全光接入、全光传送的第五代固定宽带网络（F5G）时代。首先，核心网、骨干网等网络单元光纤化和带宽大幅度提升。2021 年全国光缆线路总长度达 5481 万千米，相比于"十三五"初期（2016 年）提升了 80%（见图 3-2），光纤宽带骨干网基本覆盖了所有地级市。同时，骨干网带宽、国际出口带宽等网络基础设施指标也显著提升，国际出口带宽从 2016 年底的 6640291 兆比特/秒上升到 2021 年底的 11511397 兆比特/秒。其次，光纤接入率增长迅速，光纤覆盖率在全球处于领先水平。"十三五"期间，中国加快推动"光进铜退"，2021 年光纤接入端口达到 10.18 亿个，光纤接入覆盖率达到 94.3%，远超过美国、英国、德国等发达国家。再次，高速率宽带用户数稳步增加，固定宽带用户数量从 2015 年的 2.13 亿户增加到 2019 年的 5.36 亿户，其中光纤宽带用户占比 94.35%。2021 年，100 兆以上用户数量 4.98 亿户（其中千兆用户 3456 万户），占比达到 93%。相比来看，"十三五"首年 20 兆以上的宽带用户才 2.3 亿，占比 77%。最后，从固定宽带网络平均可下载速率来看，根据宽带发展联盟的数据，2016 年第一季度平均可下载速率为 9.46 兆比特/秒，2021 年底上升到 62.55 兆比特/秒，增长率高达 560%。

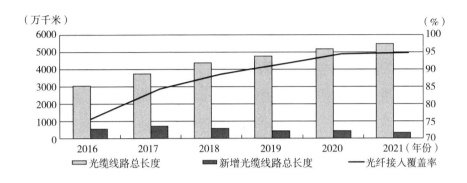

图 3-2 2016~2021 年光缆线路和光纤接入覆盖率变化

资料来源：历年工信部《通信业统计公报》。

在通信基础设施全面升级的同时，通信服务资费不断下降，展现出中国通信基础设施发展的包容性。"十三五"期间，相关部门一方面通过推动联通混合所有制改革、扩大宽带接入网业务开放试点等措施提升通信市场竞争程度，构建通信产业持续降价让利的市场化机制；另一方面国务院、工信部等部门大力推动"提速降费""双 G 双提"，通过行政手段进一步降低通信价格，提升通信产业赋能作用。固定宽带平均资费由 2014 年底的 5.9 元/兆下降到 2017 年底的 0.59 元/兆；移动流量平均资费由 138.8 元/吉字节降至 2018 年的不足 10 元/吉字节。2020 年 10 月，原工信部信息通信发展司长闻库表示，在过去五年内，中国固定宽带和手机流量的平均资费下降超过了 95%。根据国际电信联盟（ITU）和价格可承受的互联网联盟（A4AI）发布的《2021 年信息通信技术（ICT）服务的价格可承受性》报告，在 2021 年世界各地互联网连接价格的可承受性变得更低的大背景下，无论是按照购买力平价（PPP）计算，还是按照以美元计的绝对价格计算，中国固定宽带价格在全球范围内都属于较低水平，低于印度、韩国、日本、美国等经济体。如果按固定宽带价格占人均 GDP 的比例来看，中国的比例为 0.50%，远远低于全球平均水平（3.5%）。

（二）通信业务结构加速升级，互联网物联网等新兴业务比重进一步提升

"十三五"期间，高清视频、网络直播、在线教育、在线医疗、在线办公等新兴互联网业务全面兴起，带动互联网流量需求爆发式增长，移动互联网月户均流量（DOU）从 2016 年的 772 兆字节增加到 2019 年的 13.36 千兆字节，通信业务模式、业务结构都发生了较大变化。

首先，传统电信业务进一步向互联网业务迁移，新兴物联网业务爆发式增长。根据工信部的数据，2015～2018 年，中国通信业务量增长率基本都在 50% 以上，2018 年电信业务总量增长 137.9%。2019～2021 年，尽管受到新冠肺炎疫情的严重冲击，中国电信业务总量仍然保持着较高增长态势，每年电信业务总量增长率都在 20% 左右，2021 年全年电信业务总量增长 18.5%。更值得注意的是，在通信业务总量增长的同时，微信、滴滴、美团、抖音等新技术、新应用的发展，正快速带动通信业务结构进一步重构，传统电信业务加快向以数据流量为核心的互联网业务转型。2013 年，非语音业务收入占中国电信业务收入比重首次过半，达到 53.2%，当年移动数据和互联网收入对行业收入增长的贡献率达到了 76%，这标志着中国通信产业从传统语音时代向数据时代转型。"十三五"期间，通信业务转型升级趋势加速，互联网数据业务快速上升。从图 3-3 可以看出，2016 年，在中国电信业务收入中，以互联网数据为核心的非语音业务收入占比为 75%；2021 年，这一比例上升到 90.6%，传统语音收入占比下降到 9.4%。此外，随着 5G 时代的到来，新兴物联网业务爆发式增长，传统人与人连接的互联网 1.0 时代（消费互联网时代）开始向人与物、物与物连接的互联网 2.0 时代（产业互联网时代）转型，物联网连接数与手机用户数的差距快速缩小。截至 2020 年底，中国移动物联网连接数达到 8.73 亿，中国电信为 2.37 亿，中国联通为 2.4 亿，总连接数达到 13.5 亿。2022 年 9 月，三家基础电信企业的移动物联网终端用户数首次超出代表"人"连接的移动电话用户数，占所有移动连接数的比重已达 50.3%。

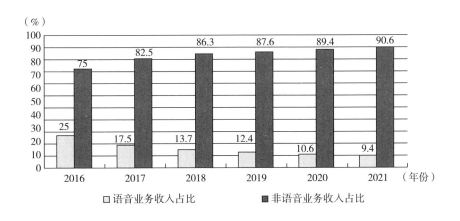

图 3-3　2016~2021 年中国通信业务收入结构变化

资料来源：历年工信部《通信业统计公报》。

随着互联网业务成为中国电信业务核心，用户流量用量呈现爆发式增长。2016~2021 年，全国移动互联网月户均接入流量迅猛增长，从不足 1 千兆字节增至 13.36 千兆字节（见图 3-4）。就三大运营商的具体情况而言，2016 年每月户均上网流量都在 0.5 千兆字节左右（中国移动 0.68 千兆字节/月/户、中国电信 0.51 千兆字节/月/户、中国联通 0.5 千兆字节/月/户）。2021 年，三大运营商每月户均上网流量都超过了 10 千兆字节，其中中国联通最高，为 13 千兆字节/月/户；中国移动其次，为 12.6 千兆字节/月/户。

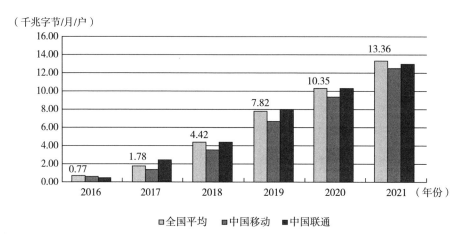

图 3-4　2016~2021 年中国月户均移动互联网接入流量

资料来源：历年工信部《通信业统计公报》以及中国三大电信运营商年报。

其次，电信业务收入增长率在过去五年间止跌回升，但固定通信收入增长率和移动通信收入增长率显现"一升一降"的结构性反向变化。"十三五"期间，电信业务收入缓慢上升，但增长率逐年下降。根据工信部数据，2016 年电信业务收入 1.19 万亿，2021 年达到 1.47 万亿，整体呈现缓慢增长态势。图 3-5 表明，电信业务收入增长率在 2017~2019 年呈较为明显的下降态势，从 6.6% 下降到 0.5%；但在 2019 年后止跌回升，到 2021 年后已经回升到 8.0%，通信产业收入增长乏力的现象有所缓和。从业务收入内部结构来看，固定通信收入在电信业务总收入中的占比逐年上升，固定通信业务收入增长率和移动业务收入增长率呈现"一升一降"的结构性变化。2020 年，移动通信收入 8908 亿元，固定通信收入 4692 亿元，前者是后者的近 2 倍，移动通信仍然占据绝大部分比例；但从动态角度来看，固定通信收入的占比逐年上升，从 2016 年的 28.5% 增至 2020 年的 34.5%。移动通信业务一直以来都是拉动通信产业业务增长的第一引擎，其占比逐渐降低的原因可能在于传统的移动通信业务需求接近饱和，市场缺乏拉动流量增长的新兴移动通信业务。

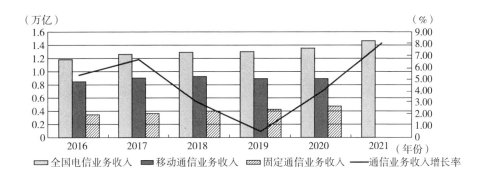

图 3-5　通信产业业务收入变化情况

资料来源：历年工信部《通信业统计公报》。

（三）通信技术赶超取得突破，实现"跟跑、并跑"到"领跑"的历史跨越

"十三五"时期是中国通信设备制造业技术赶超的关键时期，实现了从"3G 跟跑、4G 并跑"到"5G 领跑"的历史跨越，奠定了通信产业的全球龙头地位。

首先，中国通信设备制造产业全球市场份额第一，占据绝对市场优势，华为、中兴稳居全球五大通信设备制造商之列。2015 年，华为营业收入达到 3950 亿元，超过思科成为全球第一大通信设备企业（见

图3-6）。"十三五"期间，华为市场份额进一步快速上升，2019年营业收入高达8588亿元，是同年思科营业收入（3571亿元）的两倍以上，比思科、诺基亚（1822亿元）、爱立信（1696亿元）、中兴（907亿元）营业收入之和还高，以绝对优势占据全球通信产业领导者地位。尽管受到美国芯片禁运打压、荣耀手机业务拆分等因素的影响，华为整体营业收入下滑甚多，但直到2021年，华为在营收规模上仍然是全球龙头，营业收入932亿美元，同年思科营业收入498亿美元，诺基亚262.42亿美元，爱立信270.61亿美元。

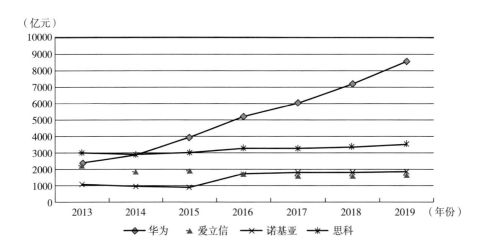

图3-6　2013~2019年全球主要通信设备厂商营业收入变化

资料来源：华为数据来自华为年报，其他企业数据来自Wind数据。

其次，通信技术研发能力显著增长，实现了从技术追赶到技术领先的历史性跨越。"十三五"是中国5G技术从研发实验到全面领先的时期。根据国际知名专利数据公司IPLytics的专利报告数据，在5G声明专利中，华为以3174件排名第一，三星以2795件排名第二，中兴以2561件排名第三，OPPO和中国信息通信研究院分别以647件和

570 件排名第十一位和第十二位。从总量来看，中国企业、研究机构在 5G 声明专利总数中占比超过 1/3，达到了全球领先的地位。此外，国家知识产权局知识产权发展研究中心在北京发布的相关报告显示，当前在全球声明的 5G 标准必要专利共 21 万余件，涉及 4.7 万项专利族；中国则声明了 1.8 万项专利族，占比接近 40%，排名世界第一。

最后，"十三五"期间，中国在国际通信标准体系中的话语权大幅度提升，标准制定能力显著增强，为持续引领全球通信产业奠定了良好的基础和前提。中国通信企业和专家在国际标准组织中担任重要职务的数量不断增加，2018 年赵厚麟高票连任国际电信联盟（ITU）秘书长，成为国际电信联盟 150 年历史上首位中国籍秘书长。中国企业和专家在 3GPP 工作组任职数量也显著增加，2019 年 3GPP 工作组换届选举后，中国移动成为无线接入网络（RAN）工作组副主席，华为成为业务与系统（SA）工作组主席，中国信科成为核心网与终端（CT）工作组副主席。除在标准组织中的地位上升以外，中国企业在通信标准制定过程中的话语权也显著提升，中国提出的 5G 典型场景和关键能力指标体系等重要成果被 ITU 所采纳，为全球统一 5G 标准提供了有力支撑。中国企业主推的新型网络架构、Polar 码、大规模天线等核心技术被纳入 3GPP 国际标准，中国技术创新能力已跻身全球前列，成为移动通信技术与标准的主导力量之一。

（四）赋能作用显著增强，通信技术支撑数字经济跨越式发展

"十三五"期间，中国通信产业驱动数字经济发展的赋能作用不断增强。根据中国信息通信研究院历年发布的《中国数字经济发展白皮书》，2014 年中国数字经济规模为 16 万亿元，占 GDP 比重为 26%；到 2021 年，中国数字经济规模达到 45.5 万亿元，占 GDP 比重为

39.8%，增长近 14 个百分点（见图 3-7）。如果将数字经济规模与通信产业业务收入之比定义为通信产业赋能指数，该指数可以反映通信产业促进数字经济发展的整体情况。从指数计算结果来看，2017 年通信产业赋能指数为 21.5，2018 年上升到 24.1，2019 年上升到 27.4，2020 年上升到 28.82，2021 年上升到 30.95。由此可见，通信产业赋能数字经济发展的动力不断增强。具体地，通信产业赋能数字经济发展体现在互联网应用产业、终端产业以及新兴技术等方面。

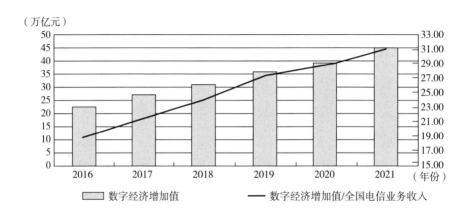

图 3-7 2016~2021 年数字经济规模变化

资料来源：中国信息通信研究院历年发布的《中国数字经济发展白皮书》。

首先，通信产业促进互联网产业规模不断发展壮大。4G 商用带动了网络直播、网约车等新兴业务的发展，各类互联网业务快速增长。从表 3-1 可以看出，在各类互联网业务中，网络视频、网络购物、网上支付、即时通信等业务发展较快，培育出微信、抖音、支付宝、携程网、爱奇艺等一批新兴的互联网企业。5G 商用之后，移动互联网创业迎来新一轮高峰，上市企业经营范围从之前的电商、社交等向教育、医疗、企业服务等领域倾斜，包括快手、知乎、京东物流等众多垂直领域龙头。新兴业务的发展带动中国互联网企业国际竞争力逐渐增强。根据中国信息通信研究院发布的《中国互联网行业发展态势暨景气指数报告（2021）》，截至 2020 年底，我国上市互联网企业总市值达 2.8 万亿美元，是 2015 年的 3 倍；在全球互联网上市公司 30 强中，共有 11 家中国企业，数量远高于除美国外的其余国家。

表 3-1 2015 年以来互联网应用业务发展状况

应用	用户规模（亿）			网民使用率（%）			代表性企业
	2015 年	2018 年	2020 年	2015 年	2018 年	2020 年	
即时通信	6.2	7.9	9.8	90.7	95.6	99.2	微信
搜索引擎	5.7	6.8	7.7	82.3	82.2	77.8	百度
网络新闻	5.6	6.7	7.4	82.0	81.4	75.1	今日头条
旅行预订	2.6	4.1	—	37.7	49.5	—	
网络视频	5	7.2	9.3	73.2	87.5	93.7	爱奇艺、腾讯、优酷
网络音乐	5	5.8	6.6	72.8	69.5	66.6	QQ 音乐、酷我
网上支付	4.2	6.0	8.5	60.5	72.5	42.3	支付宝、微信、银联云闪付
网络购物	4.1	6.1	7.8	60.0	73.6	79.1	拼多多、直播购物、淘宝
网络游戏	3.9	4.8	5.2	56.9	58.4	52.4	腾讯、征途网络、久游
互联网理财	0.9	1.5	1.7	13.1	18.3	17.2	支付宝
在线教育	1.1	2.0	3.4	16.0	24.3	34.6	猿辅导
远程办公	—	—	3.5	—	—	34.9	钉钉、腾讯会议
网络直播	—	4.0	6.2	—	47.9	62.4	抖音
网约车	—	3.9	3.7	—	47.0	36.9	滴滴、首汽约车

资料来源：第 37 次、第 45 次、第 47 次《中国互联网络发展状况统计报告》。

其次，通信产业带动网民规模和智能终端产业规模不断扩大。手机网民数量从 2015 年底的 6.2 亿上升到 2020 年 3 月的 8.97 亿，占整体网民比例高达 99.3%。此外，智能终端产业规模也不断扩大，但对各类型终端的带动作用也表现出较大的差异。随着智能手机等终端的饱和，"十三五"期间，通信产业的持续发展并没有带动智能手机、平板电脑等传统终端设备快速增长。相反，"十三五"期间，随着共享经济、智慧生活的发展，物联网终端设备出现快速增长。以智能家居终端为例，2016 年市场规模为 621.6 亿元，2017 年增长到 883.5 亿元，2019 年进一步增长到 1537 亿元（见图 3-8）。

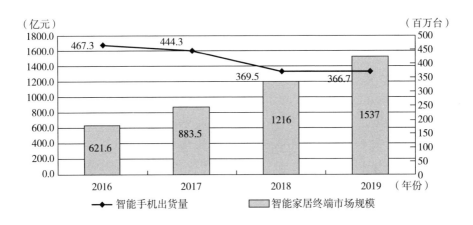

图 3-8　"十三五"期间智能手机和智能家居终端市场规模变化

资料来源：根据互联网数据中心（IDC）数据整理。

最后，通信技术与新兴技术、前沿技术融合发展取得显著成效。通信基础设施是区块链、云计算、人工智能等新兴技术和前沿技术发展的基础。"十三五"以来，党中央、国务院高度重视推动通信基础设施与人工智能、区块链、云计算等新兴技术融合发展，不断强化顶层制度设计，通信技术设施在培育新兴技术发展中取得了显著成绩。例如，2017 年国务院印发的《新一代人工智能发展规划》指出"加快推动以信息传输为核心的数字化、网络化信息基础设施，向集融合感知、传输、存储、计算、处理于一体的智能化信息基础设施转变"。根据中国企业数据库企查猫，2022 年中国人工智能行业的主要企业共有 8586 家，其中以 2020 年为主要注册热潮，2020 年注册企业数量为 2589 家，而 2021 年则为 2244 家。

二、"十四五"中国通信产业的竞争范式转换

"十四五"时期，经济形态将从工业经济加速向数字经济转变，信息通信产业在经济发展中的作用也将从工业基础设施向数字化引擎转变。在此背景下，推动通信产业和数字经济统筹部署，发挥信息通信产业的创新引领作用以及数字化、智能化转型的引擎作用，实现经济发展质量变革、效率变革和动力变革是通信产业发展的重点。通信产业在经济发展中的作用更加突出，将从原来的工业基础设施向数字经济引擎转变。但通信产业作用提升的同时，产业面临的内外部发展环境和产业竞争范式也都将发生结构性变化：从外部环境来看，美国对中国通信产业的打击范围和力度不断加大，通信技术赶超和产业发展的国际环境日趋严峻；从内部环境来看，通信产业发展面临的结构性矛盾和体制性障碍更加突出。

（一）外部约束逐渐增强，通信技术和产业持续领先面临重大挑战

中美贸易摩擦以来，美国对中国通信技术和产业的打压步步紧逼、层层深入，从 5G 无线通信到千兆固定宽带通信、从技术出口限制向全球市场封锁、从上游通信技术到网络垂直应用，逐渐形成数字经济全生态体系的围剿态势。总体来看，美国对中国信息通信产业的打压可以分为三个阶段：第一阶段，在中美贸易摩擦早期，美国主要针对华

为、中兴等通信技术领先企业采取技术禁运、市场封锁的方式进行精准打压，削弱中国通信产业的技术能力；第二阶段，2019 年底开始，美国逐渐加大对开源、白盒 5G 技术路线的培育和扶持，试图颠覆中国企业主导的软硬件一体化技术路线，重夺通信产业全球领先地位；第三阶段，近来美国不断强化实体清单管制，加大对中国人工智能、云计算等下游前沿应用技术的打压力度，逐渐形成围剿中国信息通信产业的态势。可以预测，"十四五"期间美国对中国信息通信产业的打压很有可能持续深入，这对中国信息通信产业持续领先造成严重威胁，具体风险点表现在以下几个方面：

第一，通信设备制造业全球领导地位存在被颠覆风险。美国借以信息安全名义游说其盟友弃用中国 5G 基站、交换机等通信设备，切断华为、中兴等通信设备企业获取全球市场的路径。2020 年 8 月 5 日，美国国务院发布旨在抵制和清除中国互联网企业在美国运营的一揽子项目"清洁网络计划"（Clean Network Program）声明，其中重要内容就是禁止中国通信线缆、基站设备等企业在美销售。截至 2020 年底，已有 20 多个欧盟国家加入该计划。同时，美国还以国家力量培植国内通信企业，以削弱中国通信设备企业国际竞争力。例如，美国智库和企业界有人士建议，让美国大型科技公司，譬如思科、谷歌收购欧洲的通信公司爱立信或诺基亚，以提升通信企业市场竞争力。

第二，通信产业链关键环节安全问题依然突出。虽然中国通信产业获得了一定的领先优势，但核心零部件、关键基础材料、核心基础工艺等产业基础环节仍然受制于人：一方面芯片制造工艺、光刻机等制造设备以及关键材料对外依赖严重；另一方面信息通信底层架构和技术依然被国外企业掌控。美国升级对华为限制以后，台积电等先进晶圆代工厂无法为华为代工芯片，导致华为麒麟高端芯片绝版。再以工业互联网为例，当前中国企业的工业互联网常常采用"现场—控制—操作"的多层架构，但其中现场层和控制层的核心装备与技术多由西门子等外企掌控，一旦国外企业"卡脖子"极易导致整个产业链陷入瘫痪状态。

第三，中国通信产业技术赶超体制可能被摧毁，从而削弱中国 6G 及下一代通信技术研发和领先能力。中国通信产业赶超的重要经验在于逐渐摸索出一套较为高效的通信技术研发赶超体制，即构建开放、合作、共享、互联的国际化创新平台，积极参与并逐渐主导国际创新体系、国际标准体系。美国的打击会对中国企业的对外交流合作产生较为严重的负面影响，进而削弱中国在下一代通信技术研发中的作用和国际领导力。与此同时，美国凭借其软件、底层技术优势重构开源、白盒的通信技术路线，虽然开源白盒技术路线不会对中国 5G 领先造成颠覆性影响，但是可能会对中国 6G 技术路线造成直接颠覆。

（二）结构性矛盾和体制性障碍突出，网络建设和应用创新良性循环尚未成形

"十四五"是 5G、F5G 等新一代通信技术全面商用的关键时期，但当前通信产业存在结构性矛盾和体制性障碍，制约了产业生态的完善和产业协同发展。

第一，"十四五"时期运营商 5G、F5G 等新一代信息网络基础设施建设面临内在投资动机不足的问题。4G 时代，运营商是通信服务的提供者，通过提供流量、数据服务连接消费者和互联网应用企业。虽然中国三大运营商业务流量不断增加，但同质化业务竞争导致盈利能力下降，业务和收入"剪刀差"逐年增大，运营商逐渐被管道化（见图 3-9）。在 5G 建设方面，三大运营商获得了 3.5GHz 和 4.9GHz 频段的频率；在此频段中，为了保证网络覆盖质量，5G 基站总数需要较 4G 基站总数增加 1 倍。加之 5G 基站需要进一步向工厂等行业应用场景扩展，行业估计 5G 基站数量是 4G 基站的 3 倍。此外，5G 宽带的增大以及大规模天线技术的应用，都会带来能耗大幅增加，预计 5G 设备的电费是 4G 设备的 3 倍有余。此外，5G 网络建设还面临入场难、入场贵问题。营业收入的下降以及网络建设成本的增加，使得运营商面临较大的投资压力。5G、F5G 作为"新基建"的核心组成部分，具有创造市场并带动前沿技术发展、培育新动能的战略性作用。5G 建设的关键时期在 2020~2025 年。考虑到 5G 高昂的建设成本以及当前 5G 商业模式尚未成熟，如何引导运营商差异化竞争、提升运营商内在的持续投资能力是"十四五"面临的重要挑战。

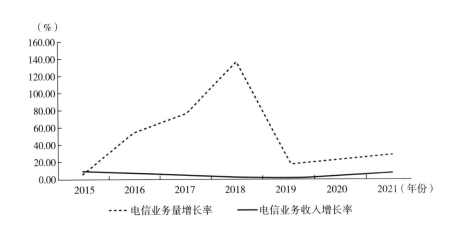

图 3-9　电信业务量和业务收入增长对比

资料来源：历年工信部《通信业统计公报》。

第二，垂直应用创新发展缓慢，新业态、新应用无法形成规模化商用。5G、F5G 新一代信息技术可以广泛应用于 VR、AR、超高清视频、车联网、工业控制、远程医疗等增强移动宽带（eMBB）、低时延高可靠（uRLLC）、海量大连接（mMTC）三大生活和生产场景。但目前重量级、引领型、突破性垂直应用还没有形成，制约了网络建设和垂直应用良性互动发展。从 To C 端来看，当前最具发展前景的是高带宽视频和 AR/VR 两大领域，但由于欠缺强交互、沉浸式的优质内容源以及轻质、舒适、便携高质量的终端，导致这些产业无法快速形成规模化发展。从 To B 端来看，由于多样化、碎片化的行业需求使得 5G 无法在垂直行业中快速规模化推广。此外，商业模式、5G 的更广覆盖、企业的自主控制权、信息安全等都是造成垂直应用产业发展缓慢的重要原因。以商业模式为例，现有的 5G 网络运营沿用 2G/3G/4G 的运营模式，由运营商统一运营，企业网络监测信息获取、网络承载业务变更、网络参数配置修改均需要运营商提供，行业企业只享有网络使用权，没有运营管理权。但行业企业更加关注网络的控制的自主性、灵活性、便捷性以及行业虚拟专网中相对独立的网络运营权。如何构建符合行业企业、运营商各自利益诉求以及能力约束的商业模式是决定垂直产业应用的重要因素。在下游垂直领域（如高清视频、智能制造解决方案等）进行业务拓展是解决运营商可持续发展的重要路径，然而，由于体制约束，对核心研发人员和管理人才无法进行股权激励、集团对下属公司采购权的严格管控等因素，大大束缚了运营商推动 5G 下游垂直行业发展的活力，造成中国三大运营商进入垂直领域、统合上下游资源的能力远远落后于美国 AT&T、韩国 SK 等运营商。

（三）安全问题更加突出，产业链安全和数据安全保障有待进一步提升

虽然中国通信产业在"十三五"期间取得了历史性突破，但 5G

芯片、光通信芯片等核心零部件供应链安全问题依然突出。以光芯片为例，在路由器、基站、传输系统、接入网等通信设备中，光器件是核心组件，而光器件的核心又是光芯片，光通信芯片的性能与传输速率直接决定了光通信系统的传输效率。从成本来看，光芯片成本占到光器件成本的 30%～50%，光器件成本又占到光网络核心建设成本的 60%～80%。然而，在光器件及芯片领域，中国企业整体实力依然较弱，产品主要集中在中低端领域，100G、400G 以上高端光芯片技术主要掌握在 Ⅱ－Ⅵ、Oclaro、Lumentum、Fujitsu、Sumitomo 等美日厂商手中。"十四五"期间，5G、千兆固网、云计算、数据中心等新型基础设施将加快推进建设，对高端光芯片和光器件的需求将显著提升。如果中国不能在这些领域实现技术突破和本土替代，一旦美日企业收紧高端芯片供应，可能会严重影响中国通信设备厂商以及整个通信产业的发展。除通信芯片以外，中国在声表面波滤波器、体声滤波器、5G 毫米波相控阵器件、高频通用仪表等核心器件和测量仪表方面与国际先进水平还有较大差距（梁张华，2018）。在美国加快对中国信息通信产业打压的情况下，通信产业链安全问题是"十四五"时期面临的重要挑战。

除产业链安全以外，数据安全、信息安全也是"十四五"期间信息通信产业发展面临的重要挑战。不同于传统产业以硬件为主体的创新，以软件为主要载体的智能化、数字化技术的创新要求更加有力的知识产权保护和数据保护。同时，信息通信产业高质量发展对数据安全、隐私保护、数据流通、数据共享治理提出了更高的要求，然而目前中国对软件知识产权保护、数据安全、隐私保护、数据资产保护的法律法规还很不完善，放大了企业技术创新和商业模式探索的政策风险，抑制了企业的创新活力，阻碍了信息通信产业发展。此外，数据作为数字经济时代的重要生产要素，百度、阿里巴巴、腾讯等大型互联网平台对用户数据的大量收集以及由此引发的数据安全、数据垄断以及平台势力治理等也是重点关注的问题。

（四）新型数字鸿沟开始显现，包容性发展需要统筹推进

数字鸿沟是数字经济时代影响国家经济包容性发展的重要因素。传统的数字鸿沟是由于信息通信网络接入机会差异造成的接入型鸿沟（Dimaggio，Hargittai & Celeste，2003；闫慧和孙立立，2012；许竹青、郑风田和陈洁，2013）。"十三五"以来，中国区域通信基础设施的逐步完善，高速率网络实现农村和城市、东部和西部地区的全覆盖，网络接入和网络质量不再是中国数字鸿沟的主要因素。"十三五"期间，东部、中部、西部地区100兆比特/秒及以上固定宽带接入用户渗透率都在均衡提升（见图3-10），高速互联网接入率并没有体现出较强的区域差异。未来数字鸿沟可能会来源于不同地区工业发展水平和信息技术应用能力差异形成的信息技术应用鸿沟。这是因为，数字经济从以互联网为核心的1.0时代向以物联网为核心的2.0时代转变后，利用数字技术、信息技术实现产业数字化转型能力决定了未来工业发展效率、竞争力以及发展水平。但是，不同地区的初始工业水平发展不同，决定了其利用数字技术、信息技术进行数字化改造的能力和步伐不同：经济发展水平高、工业基础强的地区，接受数字化、智能化升级的基础、能力和动力都较强，从而也走在数字化的前列，在未来数字经济竞争中具有先动优势；而经济发展水平低、工业基础薄弱的地区，数字化步伐也相对缓慢，可能在新一轮数字经济竞争中进一步落后，形成恶性循环。中国信息通信研究院发布的《中国数字经济发展白皮书》表明，经济发展水平不同的地区数字经济发展表现出明显差

异。如何统筹不同经济发展水平的地区实施数字化、智能化转型是"十四五"时期的重要挑战。

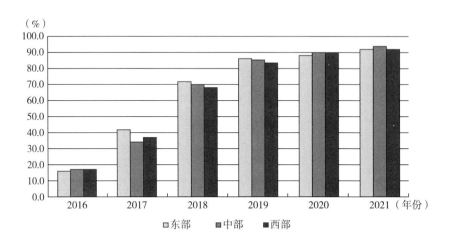

图 3-10　2016~2021 年东部、中部、西部地区 100 兆比特/秒及

以上固定宽带接入用户渗透率

资料来源：工信部《通信业统计公报》。

三、"十四五"中国通信产业发展的统筹部署建议

面对内外部环境的结构性变化，中国通信产业应在加快内循环、构建内外双循环相互促进的战略指导下，依托已经形成的通信技术和通信基础设施领先优势，强化顶层制度设计，推动通信产业和数字经济统筹部署，加快体制机制改革，激活垂直应用市场创新活力，推动通信技术与人工智能、区块链、云计算、边缘计算等前沿技术融合创

新，形成网络基础与垂直应用良性自我循环的产业生态，将通信技术领先优势转化为数字经济全生态领先优势。

（一）强化顶层设计，加快推动信息通信技术与新兴前沿技术深度融合

"十四五"时期，以数字化、网络化、智能化为核心的产业革命将加快拓展深化。信息通信技术是驱动产业数字化和数字经济发展的核心动力，是推动数字经济和实体经济融合的催化剂；加快推动通信产业发展，形成"信息通信赋能实体经济，实体经济带动信息通信"良性循环的产业生态体系是"十四五"经济社会发展的战略重点。

首先，强化顶层制度设计，在《国家信息化发展战略纲要》的基础上，进一步研究制定《"十四五"信息通信行业发展规划》，明确通信产业发展的战略目标、技术路线和战略任务，统筹规划和引导信息通信、大数据、人工智能、云计算、物联网、工业互联网等新兴技术、前沿技术融合发展和良性互动，强化对前沿技术、底层架构、核心零部件的支撑和技术突破。

其次，坚持"网络先行、泛在先进"原则，协同推进5G、F5G、工业互联网等新一代网络建设，构建持续领先的网络基础设施体系。固定宽带、无线、Wi-Fi、全光传送网等共同构成多层次网络体系，各部分在技术和经济上具有高度关联性，因此"十四五"时期通信基础设施建设必须树立"基础设施体系"观念，协同推动5G无线宽带、F5G固定宽带、全光网络传送底座建设，全面夯实通信基础设施体系，形成万物互联、人机交互、天地一体的网络空间，为建设科技强国、网络强国、数字中国提供有力支撑。

最后，加快引导工业互联网、物联网网络架构向有利于中国产

发展的方向演进。"十四五"时期要在工业互联网领域推动更多企业转向建设全光网底座与工业互联网架构融合的扁平架构，从根本上消除中国工业互联网体系中的现场层和控制层装备/技术的对外依赖态势，实现中国5G和F5G领先优势嫁接到工业互联网之上，颠覆目前由德国西门子、博世等企业主导的基于数字物理系统的智能制造技术路线。

（二）聚焦战略重点，加快推动5G应用强国和下一代通信技术研发

技术和应用是决定产业领先的两大因素，"十三五"中国通信技术实现跨越赶超，但5G、F5G领先技术的垂直应用仍然处于前期探索阶段，"十四五"则是垂直应用全面突破、实现技术和应用全面领先的重要历史时期。为此，应大力推动5G应用强国战略，构建设备商、运营商、解决方案提供商、行业应用者等多方组成的应用创新平台，加快体制机制改革，创新投入和收益机制，形成垂直应用创新的合力。

首先，推动运营商体制机制改革，激活运营商内源创新活力以及创新平台构建整合能力。电信运营商具有较强的网络管理和运营能力，是垂直应用创新中不可或缺的力量。但限于体制机制、同质化竞争惯性等因素，运营商创新活力并未完全激活。"十四五"时期应加快推进运营商治理体制改革，战略性变革运营商考核体系，为运营商基于网络能力进行业务创新提供良好的体制支撑，引导运营商从同质化的价格竞争走向多样化的业务创新竞争。放松对二级公司层面采购、运营等方面的限制，鼓励省市运营商开展家庭组网、智能家居、IPTV等网络业务延伸型创新；鼓励运营商聚焦交通、能源、医疗、金融等垂直应用领域构建业务创新平台，整合设备商、互联网企业、制造企业多方力量形成垂直应用创新的合力。

其次，以 VR/AR、工业互联网、智慧城市等为重点加快推动应用，形成早期应用示范市场。5G、F5G 在 To B 端和 To C 端的应用模式、应用障碍不同，在推动应用示范过程中应采用不同的策略。在 To C 端，用户规模和应用开发相互掣肘：一方面由于缺乏杀手级的应用，使得用户规模无法快速增长，进而导致市场上 5G 应用开发投资动机弱；另一方面应用开发投资热度低，应用数量少又反过来影响 5G 用户规模扩大，这样就形成了应用创新与用户规模的恶性循环（贺俊、陶思宇和江鸿，2020）。破解这一困境的方式在于加快培育 VR/AR、超高清视频等当前具有较大前景的应用，引爆用户规模和垂直应用创新的良性循环点。在 To B 端，运营商、垂直行业应用者之间的知识局限是影响商业应用的重要制约因素：运营商具有网络技术知识但不具有细分行业知识，无法洞察行业真实应用需求；行业应用者具有行业知识，但不具备网络技术知识。因此，破解垂直行业应用困境的路径在于以工业互联网、智慧城市等领先示范为重点，构建运营商、解决方案商、垂直行业应用者多方参与的创新平台，探索共同解决行业应用的投入管理体制。

最后，以构建高效的技术研发赶超体制为抓手，战略性布局 6G 研发。"十四五"时期既是 5G 技术全面商用时期，也是 6G 技术研发储备的关键期（预计 6G 标准建设工作将于 2025 年启动）。在此期间，应在总结 4G、5G 技术研发经验的基础上，加快推动适合 6G 技术研发的组织模式和制度保障，推动国内外高校、企业、研发机构形成技术研发联盟。

（三）加快技术突破，全力保障通信产业链安全

信息通信产业安全是中国经济发展的基本保障。"十四五"时期，

应针对通信产业链的重点环节，加大研发投入，强化技术自主可控，全力提升通信产业链安全。

首先，加快推动对信息通信产业的安全评估。由工信部组织第三方研究机构研究形成产业链安全评估模型和指标体系，在此基础上，委托专业研究机构对信息通信的产业链安全从技术或产品依赖度、国外技术保护强度（包括技术能力的复杂性、知识产权保护的有效性、技术标准控制）、供应者集中度、技术/产品可替代性、国外产业政策的竞争威胁、非对称优势等层面，开展全面客观的分析评估，对正在或潜在的对中国信息通信产业链安全构成威胁的重点领域、企业和政府政策进行深度分析和评估，形成预警点并提出政策调整和准备方案。

其次，针对芯片制造工艺、关键基础材料、高端通信器件等具有较大安全风险的领域，要加大技术研发投入，提高对企业研发的财税、补贴等支持力度，构建关键技术协同攻关的新型举国体制，形成核心技术集中攻关的社会合力。

最后，全面完善中国产业链安全管理体制，加强中国产业链安全管理的战略性、系统性和有效性，不能仅仅依靠完善既有的产业规划体系、提高既有产业管理部门的产业链安全意识来强化安全管理，必须建立全新的产业链安全管理体系和工作流程，在产业链安全管理和信息安全管理层面统一部署中国战略性新兴产业发展。

（四）加快培育产业生态，实现由技术领先向产业生态领先转变

数字经济竞争是全生态系统的竞争，虽然中国在通信、人工智能、云计算等领域实现了集群性技术突破，但操作系统、芯片、数据库等数字经济生态平台仍由美国主导。"十四五"期间，中国应加快培育

数字经济生态系统，实现由技术领导者向生态系统领导者转变。

首先，加快培育操作系统平台、应用开发平台、工业互联网平台、智能制造等各类开放式协同化创新平台。产业平台可以分为创新平台和交易平台（Cennamo，2019；贺俊，2020）。当前，中国具有竞争优势的平台多为交易平台，比如被称为"中国互联网三巨头"的 BAT 都属于交易平台企业，而在人工智能、工业互联网等重要的前沿技术领域却缺乏具有全球竞争优势的创新平台企业，这也是造成中国数字经济缺乏全球生态领导力的重要原因。"十四五"期间，中国应在人工智能、智能制造、工业互联网、操作系统、通信芯片等领域培育一批具有全球竞争力的协同创新平台，以此牵引数字经济自主创新生态发展。

其次，维护全球统一标准体系，进一步提升中国在国际通信技术标准、行业应用标准、信息安全标准制定过程中的话语权，巩固产业发展的主导地位。统一的标准体系是中国企业接入全球通信大市场、参与国际竞争的基本前提，也是中国通信产业赢得全球领先地位的重要原因。美国加快推广 O-RAN（Open RAN，即开放的无线接入网）技术路线和标准，意图通过另起炉灶形成新的通信技术路线和标准，颠覆中国的领先地位。在此背景下，未来 6G 技术很有可能出现全球标准分化。为此，应加快推动与欧洲电信标准协会、日本无线工业及商贸联合会、日本电信技术委员会、韩国电信技术协会在 6G 前期研发中的合作，进一步强化与 ITU、3GPP 等国际标准组织的联系，建立维护全球统一标准的阵营。同时，加强在智能家居、物联网汽车等行业应用的研发，将中国在通信技术标准中的领导地位进一步向行业应用标准、信息安全标准延伸，形成全标准体系的领先。

参考文献

［1］贺俊、陶思宇、江鸿：《5G 规模化商用的障碍和关键：基于大样本问卷调查的研究》，《经济与管理研究》2020 年第 4 期。

［2］贺俊：《创新平台的竞争策略：前沿进展与拓展方向》，《经济与管理》2020 年第 8 期。

［3］梁张华：《我国 5G 产业发展面临的困境及策略建议》，《通信管理与技术》2018 年第 5 期。

［4］许竹青、郑风田、陈洁：《"数字鸿沟"还是"信息红利"？信息的有效供给与农民的销售价格—— 一个微观角度的实证研究》，《经济学（季刊）》2013 年第 12 期。

［5］闫慧、孙立立：《1989 年以来国内外数字鸿沟研究回顾：内涵、表现维度及影响因素综述》，《中国图书馆学报》2012 年第 38 期。

［6］Cennamo C. , 2019, "Competing in Digital Markets：A Platform-based Perspective", *Academy of Management Perspectives*, Vol. 35, pp. 325-346.

［7］Dimaggio P. , Hargittai E. , Celeste C. , 2003, "From Unequal Access to Differentiated Use：A Literature Review and Agenda for Research on Digital Inequa-lity", Princeton University Working Paper, No. 29.

第四章　全球移动通信技术标准竞争与中国应对策略

一、全球移动通信技术标准的代际演进历程

技术标准是企业共同遵守的系列技术规范。具体到移动通信领域，技术标准是指明确的标准协议，通常是由标准制定组织协同制定的"一组技术规范"（David and Steinmueller，1994）。移动通信技术标准的演进具有鲜明的代际特点，从高度多样化的1G（第一代）标准或所谓"0G"（传统的移动无线电通信系统）标准开始，大约每十年演进一代，目前正处于5G标准的演进期。整体而言，20世纪80年代以来，全球移动通信技术标准整体上由分裂趋于统一。在20世纪80年代的1G时代，受网络效应驱动的移动通信技术标准统一仅限于有限的地理区域。进入2G时代，不同技术标准之间竞争激烈。这种竞争延续到了3G时代，在4G时代有所缓和，在5G时代首次形成了相对统一

的全球标准。

移动通信 1G 时代的技术特点是基于模拟无线电接入网络的电路交换语音中心系统，只支持语音通信。1976 年，美国摩托罗拉公司的工程师马丁·库帕首先将无线电应用于移动电话。同年，国际电信联盟（ITU）批准将 800/900 兆赫兹频段用于移动电话的频率分配方案。此后，主要国家和地区各自开发第一代移动通信系统，形成了差异很大的多种技术标准。由于不同标准的终端无法互相操作，也没有国际漫游的可能性，因此 1G 移动通信事实上只有各个国家和地区的独立技术标准，没有通用的国际标准。这些标准包括 NMT（北欧、苏联）、AMPS（北美、南美和部分环太平洋国家）、NTT（日本）、SIP（意大利）、C-Netz（西德、葡萄牙及奥地利）、TACS（英国）、RadioCom 2000（法国）等。在众多 1G 标准之中，美国的 AMPS 和英国的 TACS 最具影响力，前者被 70 多个国家和地区采用，后者被近 30 个国家和地区采用。中国的 1G 通信系统于 1987 年正式商用，采用的就是英国 TACS 标准。

进入 2G 时代后，移动通信从蜂窝模拟移动通信转向数字蜂窝移动通信，摆脱了模拟技术的缺陷，在语音业务之外，开始引入短信、上网等数据业务。这一时期，ITU 为主要标准分配了更多频谱资源，使用不同标准的终端可以在各国和各地区漫游，网络效应增强，采取不同技术标准的各国移动通信企业为争夺国际市场而进行的标准竞争日益激烈。尽管这一阶段移动通信的技术标准仍然没有实现全球统一，但在数量较上一阶段大为减少，仅有 PDC（日本）、CDMA One（美国）和 GSM（欧洲）三种主要标准。最终，GSM 成为 2G 时代的主导标准。基于 GSM 标准的诺基亚、爱立信等移动通信设备生产商开始占领美国和日本市场。到 2G 时代末期，诺基亚已经取代摩托罗拉，成为全球最大的移动通信设备生产商。

　　3G 移动通信以加强数据传输为目标，旨在使移动通信网络能够支撑更高质量、更大带宽的多媒体服务。2000 年 5 月，ITU 确定 WCD-MA、CDMA2000、TD－SCDMA 为 3G 的三大标准，2007 年又增补 WiMAX 为 3G 的第四大标准。虽然 3G 阶段移动通信仍然同时存在多种主流标准，但三种 CDMA 标准占据了绝对主导地位。其中，WCD-MA 由 GSM 发展而来，是欧洲标准和日本标准融合的产物，是终端种类最丰富的 3G 标准，占据 80% 以上的全球市场份额。CDMA2000 由窄带 CDMA 发展而来，由美国高通北美公司主导提出，只有日本、韩国和北美地区使用。TD-SCDMA 的技术始于西门子公司，但提交 ITU 的技术标准则由中国独立制定，相对于另外两个 CDMA 标准起步较晚，在用户数量、终端数量、运营地区上都存在一定的劣势，技术也不够成熟，但却是中国自主研发技术标准、参与国际移动通信标准制定工作的起点。值得注意的是，这一时期，以协同开发通信技术标准为目标的非官方组织开始兴起（如 1998 年成立的 3rd Generation Partnership Project，简称 3GPP，即第三代合作伙伴计划），在全球移动通信技术标准制定中的影响力越来越大。

　　在移动通信 4G 时代，语音服务技术已经回退到传统电路交换技术，数据服务成为移动通信发展的重点，开始与固定宽带服务相竞争。这一阶段的全球移动通信技术标准主要由 3GPP 和电气与电子工程师协会（Institute of Electrical and Electronics Engineers，IEEE）开发，中国和欧洲通过 3GPP 支持发展 LTE 标准，美国和加拿大通过 IEEE 支持发展 WiMAX 标准；这两个竞争性标准之后又各自向 LTE-Advanced 和 WiMAX 2.0 演进。由于 WiMAX 标准形成于 3G 时代，因此 WiMAX 标准的研发和商用时间先于 LTE 标准，得到了 Intel、Sprint、摩托罗拉、北电等北美地区电信和信息技术领域领先企业的支持，早期发展较为迅速。3GPP 于 2004 年提出并推动 LTE 标准的研发，2006 年正式形成 LTE 商用标准。此时，WiMAX 用户数已经达到 200 万户，不仅具有市场进入时间的先发优势，还具有初始安装基础的优势。但从 2009 年起，WiMAX 标准走上了下坡路。2010 年，Intel 在荷兰、英国两国支持建设的 WiMAX 商用网络失败，并关闭了在中国台湾地区的办公室，停止了台湾地区的 WiMAX 建网工作。而随着 LTE 标准的代际演进，LTE 标准的技术性能大幅提升，出现了标准代际演进的技术性能提升效应。2012 年，国际电信联盟正式确定了两个 4G 技术标准：一是 3GPP 开发的 LTE-Advanced，即 LTE 标准的演进版本；二是 Wireless MAN Advanced，即 WiMAX 演进形成的 WiMAX2.0。但是，被正式确定为全球 4G 标准并没有遏制 WiMAX 用户大幅下降的趋势。截至 2013 年 11 月，150 个国家 477 个运营商部署了 WiMAX 网络，用户达到 2500 万，但大部分都考虑转向 LTE 标准。2014 年 2 月，世界移动通信大会期间，WiMAX 论坛和 TD-LTE 全球发展倡议正式宣布合作，WiMAX 技术将升级并与 LTE 技术融合（Aldmour，2013），这标志着 WiMAX 放弃与 LTE 的竞争。4G 实现了 LTE 标准下的全球统一，也是全球移动通信标准首次统一。

5G 移动通信的发展是由低时延、高带宽需求的进一步升级驱动的，同时也受到物联网发展和高可靠性、可扩展性、低功耗等目标的驱动。在 5G 标准研究启动之初，世界主要国家在 5G 是使用中频频段还是高频频段的关键问题上存在争议（中国选择中频路线、美国选择高频路线），技术标准也开始出现差异化版本。为防止全球移动通信标准分裂，3GPP 加快了 5G 标准化进程。2017 年 12 月，5G NR R15 版本宣布正式冻结并发布，比计划时间提前了半年。2020 年初正是 5G 标准制定的关键时期，但全球新冠肺炎疫情暴发，3GPP 改用线上会议的形式继续标准制定工作，R16/R17 版本的标准因此推迟发布。2021 年 4 月，3GPP 确定 5G 标准将向 5G-Advanced 演进。2021 年 12 月，3GPP 确定了 5G-Advanced 第一个标准版本 R18 的首批 28 个研究项目，5G-Advanced 技术研究和标准化将进入实质性工作阶段。此外，预计 3GPP 将于 2025 年启动 6G 技术标准研究工作。

以 1G 到 6G 来划分移动通信技术和标准的代际演进，是 3GPP 这一非官方国际组织的划分方式。自 3G 时代开始，3GPP 就在全球移动通信标准开发中居于核心的协调位置，因此这种划分方式也成为移动通信产业向公众描述本产业技术标准演进的通用方式。而在 3GPP 的代际划分方式之外，ITU 则使用国际移动通信（International Mobile Telecommunication，IMT）的标签来对移动通信标准进行分类。各代移动通信的实际标准（制式）与 3GPP 标准名称、ITU 标准名称之间的对应关系如表 4-1 所示。具体的，"世代"的概念作为一种简写形式，用来代表移动通信标准的代际发展，没有天然明确的划分规则；版本（Release，简写为 R）是 3GPP 正式发布的标准的编号；IMT 则是 ITU 使用的移动通信标准分类标签。

表 4-1　3GPP 标准版本和标准之间的关系

发展阶段	第一阶段	第二阶段	第三阶段	第四阶段		第五阶段
实际技术标准	Nordic 移动电话（NMT）	全球通（GSM）通用分组无线业务（GPRS）加强型数据 GSM 环境（EDGE）	通用移动通信系统（UMTS）高速分组接入（HSPA）	长期演进技术(LTE)	升级版长期演进技术（LTE-Advanced）	
3GPP 标准的版本名称			R99（R3），R4-R7	R8-R9	R10-R14	R15-R17

续表

发展阶段	第一阶段	第二阶段	第三阶段	第四阶段	第五阶段
ITU 定义的 IMT 标准名称			IMT-2000	IMT-Advanced	IMT-2020

资料来源：笔者整理。

二、主要移动通信标准制定组织及其关系

根据 ITU 的分类，移动通信产业内的标准制定组织（Standard Setting Organization，SSO）可分为官方组织和非官方组织两大类。官方的标准制定组织得到了各国政府或国际官方机构的认可，包括国家级机构（如中国通信标准化协会 CCSA）、区域性机构（如欧洲电信标准化协会 ETSI）和全球性机构（如国际电信联盟 ITU）。非官方的标准制定组织并非由政府或官方机构发起或认可，但在规模、行业影响力上与官方的标准制定组织相差无几。在非官方的标准制定组织中，影响力最大的是 3GPP，IEEE 也有较大的影响力。

ITU 的前身是 1865 年成立的国际电报联盟，1934 年改为现名，1947 年成为联合国的专门机构。ITU 成员资格既向政府开放，也向民间组织开放；各国政府可作为成员国加入 ITU，公司、设备制造商、金融机构、研发机构等民间组织也可作为 ITU 下属各部的成员加入 ITU。目前，ITU 有 189 个成员，还有来自电信、广播和信息技术部门的 500 多个民间组织成员。ITU 的最高权力机构是全权代表大会，每四年召开一次会议，主要任务是制定政策；闭会期间，由 ITU 理事会

行使大会赋予的职权，总秘书处主持日常工作。1992 年在日内瓦增开的全权代表大会上，对 ITU 机构进行了较大改革，根据工作领域将 ITU 划分为 3 个部门，即电信标准化局（ITU-T）、无线电通信局（ITU-R）和电信发展局（ITU-D），其中 ITU-T 直接负责移动通信标准制定工作。ITU-T 由设在 ITU 日内瓦总部的电信标准化局进行管理和协调，下设 17 个研究委员会，通常每四年召开一次世界电信标准化大会，主要任务是审议与电信标准化有关的具体问题，通过标准化建议。

3GPP 是在欧洲电信标准化协会（ETSI）的倡议下于 1998 年成立的。3GPP 汇集了七个国家和地区的移动通信标准制定组织，最初的工作范围是为 3G 制定全球适用的技术标准，解决早期 1G、2G 技术标准过多的问题；由于 3G 时期的技术标准开发协调机制运转有效，3GPP 并没有在 3G 标准制定完成后终止，而是将工作范围扩大到为此后各代移动通信开发技术标准。目前，3GPP 共有中国通信标准化协会（CC-SA）、美国通信工业协会（TIA）、欧洲电信标准化协会（ETSI）、日本无线工业及商贸联合会（ARIB）、日本电信技术委员会（TTC）、韩国电信技术协会（TTA）、印度电信标准发展协会（TSDSI）七个"组织伙伴"，另有 300 多家独立成员。3GPP 下设三个技术规范组（TSG）和 16 个内部工作组（WG）；TSG 包括无线接入网络（Radio Access Network，RAN）技术规范组、业务与系统（Service/System Aspects，SA）技术规范组和核心网与终端（Core Network & Terminals，CT）技术规范组，负责就移动通信技术的预期功能、标准发布的时间节点等问题做出决策；16 个内部 WG 分属不同的技术规范组，负责实际的标准开发工作。

3GPP 标准制定流程可分为三个阶段（见图 4-1）：第一阶段是提

案阶段，成员公司将自身的早期研发成果以提案形式提交给 3GPP；如果得到四个以上成员的支持，提案就可能获得 TSG 批准，成为可行性研究项目。第二阶段是可行性研究项目阶段，针对特定的可行性研究项目，3GPP 成员公司分别提出不同的解决方案和支撑技术，并在 3GPP 会议上反复讨论后，形成技术报告和技术规范，提交给 TSG，成为相应的标准开发工作项目。第三阶段是开发工作项目阶段，各个 WG 就技术细节进行反复讨论与迭代，直到形成计划书规范，经 TSG 批准后，由 3GPP 发布。此外，3GPP 也需要将自身开发的技术标准提交给 ITU 进行评估，通过评估后才能成为官方认定的国际标准。

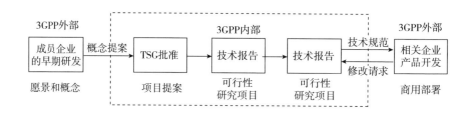

图 4-1　3GPP 的标准制定流程

资料来源：3GPP。

ITU 和 3GPP 对移动通信技术标准的分类与命名不同，这是由其各自的角色所决定的。ITU 是联合国负责国际无线电和电信管理制度与标准的专门机构，其提出的标准被称为"建议"（Recommendation），是在综合考量各国提案和专业建议后，根据移动通信下一步发展面向的主要场景以及需要解决的主要问题而提出的关键性能指标（KPI）建议，原则上并不具有强制性。IMT-2000、IMT-Advanced、IMT-2020 就是 ITU 在移动通信发展不同阶段提出的各代标准"建议"。不过，ITU 本身并不参与或组织标准相关技术的开发工作，而是由各个国家、地区、通信企业根据 ITU 提出的标准"建议"从事具体的技术标准开发，并向 ITU 提交符合关键性能指标的候选技术标准。ITU 将对收到的候选技术标准组织评估，通过评估的技术标准就被正式认定并公开发布为国际移动通信技术标准。3GPP 则是在 3G 时代由全球七个国家和地区的通信标准化制定组织组成的非官方标准制定组织，针对 ITU 提出的标准"建议"开发实际的移动通信技术标准。在同一世代中，面对 ITU 提出的标准"建议"，3GPP 会根据技术开发进展情况，分批开发多个版本（Release，简称 R）的标准。因此，从 3G 时代起，与每一代 IMT 标准"建议"相对应的，都有多个版本的 3GPP 标准。例如，ITU 在 2015 年发布了 5G 愿景建议书，提出了 IMT-2020（即面向 2020 年的国际移动通信），定义了 5G 三大典型应用场景；2017 年和 2020 年，ITU 又发布报告，给出了 5G 接口的详细规范和性能要求。据此，3GPP 于 2017 年启动了 5G 首版标准 R15 的研究，于 2018 年 6 月冻结了 R15 版标准，侧重解决 5G 三大场景中的 eMBB 场景；于 2020 年 7 月冻结了 R16 版标准，侧重于 eMBB 功能增强、毫米波增强、uRLLC 增强功能等问题；于 2022 年 4 月冻结了 R17 版标准，侧重于继续增强 5G NR 技术的研究。

　　IEEE 是由美国电气工程师协会（AIEE）和无线电工程师协会（IRE）于 1963 年合并形成的国际性专利组织，但其控制权始终掌握在美方手中。按照传统的产业划分规则，IEEE 原本属于计算机产业内的协会组织；但从 3G 时代起，IEEE 的互动范围从计算机产业向移动通信产业扩展，成为移动通信标准制定领域的非官方组织之一。IEEE 于 1998 年 11 月成立了 IEEE 802 宽带无线接入研究组，于 1999 年在该研究组之下设立了 IEEE 802.16 工作组，开发了 WiMAX 标准（即 IEEE 802.16 系列标准）。WiMAX 技术出现之后，Intel、思科、三星、阿尔卡特朗讯、美国运营商 Sprint 和 Clearwire 六大巨头宣布成立 WiMAX 联盟，吸引摩托罗拉和加拿大北电网络这两家移动通信设备制造商也转向了 WiMAX。WiMAX 标准与中国和欧洲支持的 LTE 标准之间激烈竞争，虽然最终被 ITU 批准为 3G 的第四大标准，但由于开放性不足、性能提升落后于 3GPP 开发的 LTE 标准，因此基本没有主流运营商进行大规模部署，或是在部署后拆除。4G 时代，IEEE 基于 WiMAX 的进一步演进，开发了 IEEE 802.16m 系列标准（也被称作 Wireless MAN-Advanced 或 WiMax2.0），同样被 ITU 批准为 4G 的三大标准之一，但也同样遭到了被主流运营商弃用的命运。目前，IEEE 仍在与 3GPP 竞争，开发并发布 5G 标准。值得注意的是，进入 5G 时代后，移动通信产业和其他产业的融合范围越来越大，涉及物联网以及各个垂直行业，移动通信技术标准制定既要考虑 5G 的通用需求，也要考虑不同行业的差异化需求，因此 IEEE 一直积极开发垂直行业的特定通信标准，试图以此逆转对 3GPP 竞争的长期不利局面。例如，在车联网领域，IEEE 开发了基于 DSRC（车载专用短途通信）的 IEEE 802.11p 标准，和 3GPP 开发的基于微蜂窝的 LTE-V2X 标准竞争，各自希望争取到更多国家和地区政府的支持，成为行业中的事实标准。

在 3GPP 和 IEEE 之外，移动通信产业的利益相关方还组建了众多非官方联盟，参与到技术标准的开发、定义、更新和维护工作之中（Hawkins，1999；Genschel，1997）。目前，移动通信产业中的大型企业多数都加入了多个非官方联盟，这些联盟也在促进标准制定方面发挥着越来越重要的作用（Baron et al.，2014；Baron and Pohlmann，2013），具体表现在两个方面：一是通过预标准化实施协调。所谓"预标准化"，即企业在通过 3GPP、IEEE 等进行正式标准开发和制定之前，预先就自身立场和技术发展方向进行协调（Delcamp and Leiponen，2014）。Teubner、Henke 和 Bekkers（2021）对 2017 年 9 月移动通信领域已有的 100 个非官方联盟进行了详细分析。结果表明，有 52 个联盟明确提出，其工作的重要目标之一，就是通过正式的组织关系与合作，为正式标准制定做出贡献；有 66 个联盟与 3GPP 建立了正式关系（如"市场代表合作伙伴"关系），49 个联盟与 3GPP 的合作伙伴组织建立了正式关系。二是自行开发并维护独立标准。某些联盟致力于在 3GPP 体系之外开发独立的甚至与 3GPP 开发的移动通信技术标准相竞争的标准，如蓝牙技术联盟（Bluetooth Special Interest Group）、Linux 基金会（Linux Foundation）等。不少新建的开源联盟并不寻求与 3GPP 建立正式关系，而是致力于开发独立标准，如 ONAP（Open Network Automation Platform，开放的网络自动化平台）、5GTN（5G Test Network，5G 测试网络）等。

三、持续强化中国移动通信标准制定话语权的策略

　　总体来看，虽然近期美国积极争取扩大国际通信标准话语权，在争取主要通信标准组织关键席位、新设"去中国化"标准联盟和通信安全标准方面都取得了一定成效，但短期内不会对中国在国际通信标准制定中的话语权形成重大挑战。但从长期来看，为了保持国际通信标准制定话语权，中国还应从明确自身战略、改进支撑制度入手，保持战略定力，防止一时一席位的得失影响国际标准合作工作的稳定性；同时推动制度变革，确保人才培养、财政支持、社会团体等相关制度能够支撑中国移动通信标准国际化工作可持续发展。为此，建议在以

下三个方面重点发力：一是明确对欧合作的通信产业乃至数字经济国际合作总体战略，以此协调国际通信标准制定和数字经济相关工作；二是建立面向国际通信标准组织的人才培养与输送制度，以及能够有效激励、支持这些人才在国际组织中发挥作用的制度；三是在通信领域开展国外公司参与中国社会团体的试点改革，提升国内新建联盟组织输出国际标准的可能性。

（一）以对欧合作总体战略统领通信标准及相关工作

建议将加强对欧合作确立为中国通信产业乃至数字经济产业国际活动的战略原则，在这一原则下协调工信、外交、商务等方面工作，力争和欧洲主要国家之间构建起"数字经济相互纠缠、通信标准相互助力"的稳定预期和合作格局。在全球通信生态主导权对抗中，欧洲国家是中美两国都需要重点争取的合作对象，也是决定中国是否能够在国际通信标准制定过程中获得更大支持面的关键。向欧洲国家持续释放开放性合作的鲜明信号，谋求与欧洲国家的更多实质性合作，应成为中国在通信标准领域乃至整个数字经济领域的战略性任务。对此，建议实施以下综合性措施：

第一，通过高层访问、利益共享、舆论引导等方式，向以爱立信、诺基亚为代表的欧洲通信设备企业释放持续合作的善意信号。应注意保持中国相关政府部门对欧洲通信设备企业的日常交流和正式访问，并在沟通中表现出统一的积极态度。在综合国内通信运营商、设备商意见的基础上，在通信设备采购中保持爱立信、诺基亚的适当份额，以切实的市场利益，加强二者与中国市场保持标准统一、在国际标准制定中预防标准分裂的需求。

第二，在数字经济整体层面上释放中欧协力构建数字经济"微生态"的清晰信号，为欧洲摇摆国家在中美对抗局面下向谈判者或促进者转化创造行动空间。欧洲对中国强化通信标准制定参与度、与美国争夺数字经济主导权的最主要忧虑，是以中国为核心的共存愿景可能从根本上挑战欧洲的竞争力和价值观。2020年9月，欧洲最大的中国研究机构墨卡托中国研究所发布报告称，考虑到中国的选择性开放态度和输出技术标准的热情，欧洲对华数字经济战略必须以中国的实际行动而不是以中欧互利的模糊愿景为依据。对此，中国可在安全标准和技术标准两方面同步发力，尝试构建通信及相关标准的"微生态"：一是牵头组织国际信息安全联盟和安全实验室，并针对欧洲关切联合开展网络安全防御演练等。中方应定位于积极参与者，而不是主导者或决策者，以平等态度推动多国共同开发基于科学测试的通用安全标准和认证策略。二是结合中欧局部优势（如工业互联网、数字业务云化），构建基于新底层技术的、数字经济利益共享的合理格局。为减轻欧洲对中国单一主导技术标准的担忧，新标准可由欧洲推动形成；只要中国掌握核心技术，并不会出现对欧过度依赖的问题。

（二）建立培养、输送国际通信标准人才的长效机制

加强对中国在国际通信标准组织中工作人员的制度化支持力度，形成向国际通信标准组织持续输送、长期培养中国人才的机制，为未来能够获得可持续的国际通信标准影响力奠定人才基础。在两大主要国际通信组织中，3GPP属于合作伙伴组织，关键席位候选人很多来自企业组织，得到了企业提供的稳定人员和资金支持；ITU属于联合国组织，工作人员由各国政府选派，是否能在ITU中发挥作用、积累资历与声望，高度依赖于本国政府支持。如前所述，随着中国通信设备企业的快速发展，中国在3GPP的话语权保持在较高的合理水平，但

在 ITU 的情况则不容乐观。对此，建议国务院部门就构建 ITU 中国工作人员培养、输送、支持机制做出以下系统性安排。

第一，借鉴韩国、日本、俄罗斯等国，改变此前派出人员在 ITU 开展工作时外围人员和财政资金支持不足的状况，建立稳定的外围团队派遣和财政支持制度，帮助派出人员扩大在 ITU 内部的影响力。作为联合国下属的技术官方机构，ITU 选举非常重视候选人在本机构的工作履历。历届 ITU 五大关键席位的有力参选人以及最终获任者，参选前都有着长达十余年的 ITU 任职经历。由于一国能够推荐到 ITU 正式任职的工作人员数量极其有限，为了帮助其扩大在 ITU 的影响力，一些国家往往会为其提供额外的、不在 ITU 正式职员名单中的外围团队和相关资金支持。例如，韩国多年前就开始向 ITU 派出外围团队，并为其配备相应的财政资金。团队成员不在 ITU 任职，但常驻日内瓦，任务就是支撑韩国在 ITU 的正式职员开展工作。日本、俄罗斯等国也曾经采取过与此类似的制度。从长期维持中国在 ITU 话语权的必要性出发，建议学习韩国、日本、俄罗斯的成熟办法，向日内瓦派出外围团队，并提供可持续的、充足的工作经费，使其能够"自带干粮"服务 ITU 关键项目。此项制度安排至少有两方面益处：一是有力的人员和资金支持使得中国团队能够积极参与到更多 ITU 项目之中，有助于中国在 ITU 的全职职员积累工作经验和人脉，争取更有影响力的职位；二是外围团队成员熟悉 ITU 人员和工作流程后，可以逐步谋求进入 ITU，有助于形成向 ITU 持续输送全职职员的人才梯队。

第二，在国内建立激励相容的 ITU 团队选派制度，确保派出的 ITU 全职职员和外围团队形成提升中国在 ITU 话语权的长期导向，提高中国在 ITU 工作的连贯性和可持续性。应考虑在国内为推荐到 ITU 的正式工作人员建立相应的激励制度和恰当的晋升通道，保证派出人员能够无后顾之忧地在 ITU 长期开展工作。对于外围团队，可考虑建立人员轮换机制，根据其在日内瓦期间的工作成绩，在其回到国内予以考核和奖励。

（三）试点制度改革，支持新建国内标准组织国际化

增强中国国内通信标准组织的开放性和国际影响力，在通信领域内试点允许国外机构加入中国社会团体，从而抗衡美国民间组织在国际通信标准界的影响。Wi-Fi 联盟、蓝牙技术联盟作为当前无线通信标准（Wi-Fi、蓝牙）的认证和授权组织，事实上是美国企业倡导发起、总部位于美国但对全球机构开放加盟的民间联盟组织。在 ATIS 下新建的 Next-G Alliance 以及制定了政治化通信安全标准的 TIA 也是如此。由于美国企业在这些组织中具有绝对主导权，中国企业即便加入，也难以掌握话语权。2019 年 5 月美国联邦政府发布针对华为的禁令之后，Wi-Fi 联盟很快决定限制华为参与联盟活动。因此，对抗美国主导的通信技术标准组织的可行方法，只能是另行开发制定能与其抗衡的技术标准，并与欧洲国家、"一带一路"国家共同发展基于新技术标准的产业生态。在这种情况下，中国社会团体管理的封闭性（如国外企业不得加入国内社会团体的规定），使得国外企业总部难以直接加入国内民间新建的通信标准组织，影响了这些组织的对外开放合作。对此，建议民政部在通信领域内实施试点改革，允许国外企业总部和国外机构参与国内新建通信标准相关的社会团体，助力新建的中国民间通信标准组织朝着"国际化"方向发展。

参考文献

［1］ Baron J. , Pohlmann T. , 2013, "Who Cooperates in Standards Consortia-Rivals or Complementors?", *Journal of Competition Law and Economics*, Vol. 9, pp. 905-929.

［2］ Baron J. , Ménière Y. , Pohlmann T. , 2014, "Standards, Consortia, and Innovation", *International Journal of Industrial Organization*, Vol. 36, pp. 22-35.

［3］ Bekkers R. , Duysters G. , Verspagen B. , 2002, "Intellectual Property Rights, Strategic Technology Agreements and Market Structure: The Case of GSM", *Research Policy*, Vol. 31, pp. 1141-1161.

［4］ David P. A. , Steinmueller W. E. , 1994, "Economics of Compatibility Standards and Competition in Telecommunication Networks", *Information Economics and Policy*, Vol. 6, pp. 217-241.

［5］ Delcamp H. , Leiponen A. , 2014, "Innovating Standards through Informal Consortia: The Case of Wireless Telecommunications", *International Journal of Industrial Organization*, Vol. 36, pp. 36-47.

［6］ Genschel P. , 1997, "How Fragmentation Can Improve Co-ordination: Setting Standards in International Telecommunications", *Organization Studies*, Vol. 18, pp. 603-622.

［7］ Hawkins R. , 1999, "The Rise of Consortia in the Information and Communication Technology Industries: Emerging Implications for Policy", *Telecommunications Policy*, Vol. 23, pp. 159-173.

第五章　中美人工智能产业竞争与中国对策

一、中美人工智能产业发展的相对态势

　　本部分将从人工智能企业发展、科技研发、资源获取、硬件基础四个方面比较中美人工智能产业发展的相对情况。之所以选择从这四个维度展开比较，原因如下：第一，人工智能企业（特别是初创企业）的数量以及相关的资本投入水平是人工智能产业发展的基础。第二，作为基础科学发展牵引的高技术产业，科技研发对促进人工智能产业创新、解决产业发展以及本土应用问题具有决定性作用。第三，人工智能人才和高质量数据使得各参与方能够更好地开发和实施人工智能系统、推广人工智能应用、发掘人工智能的应用机会。第四，是否在硬件领域具有领先地位，决定了一国人工智能产业在关键部件方面的对外依赖水平。鉴于中美贸易争端和科技战的存在，这一领域在

中美人工智能产业的横向比较中具有特殊意义。总体来看，虽然中国与美国在人工智能领域仍然存在显著差距，但其持续进步的趋势正在让美国的领先优势逐步缩小。

（一）人工智能企业发展的相对态势

美国在人工智能企业数量上仍然保持着明显优势，但中美之间的差距正在迅速缩小。截至 2021 年底，中国拥有 1600 多家活跃的人工智能公司，是世界第二大人工智能市场，仅次于美国（Weinstein & Luong，2023）。2019 年前后，在中、美、欧三地的人工智能公司中，中国公司所占比重从 8% 增长到 12%，美国公司所占比重则从 64% 下降到 62%。更进一步来看，资金充足、成长迅速的人工智能公司才是在这一新兴产业内形成国家影响力的主要载体。Crunchbase 数据显示，2020 年，美国每百万人拥有 12.8 家人工智能公司，远高于中国的 0.5 家；获得 100 万美元及以上融资的美国人工智能公司有 2130 家，中国则只有 398 家。美国的人工智能初创企业不仅数量最多，而且竞争力全球领先。CB Insights（2022）根据专利、市场、人才等指标对人工智能初创企业进行排名；2022 年全球前 100 家人工智能初创企业有 73 家位于美国，远远领先于中国。

无论是交易总额，还是交易数量，美国人工智能初创企业在融资方面始终保持着对中国企业的领先位置。就交易总额而言，Crunchbase 数据显示，从 2015 年到 2021 年，有 1239 家中国人工智能公司通过风险投资和私募股权融资筹集资金，筹资总额 1100 亿美元，但在总体上仍然逊于美国同行。2017 年到 2018 年，中国人工智能公司筹集的风险投资和私募股权融资约为美国人工智能公司的 80%。但是，2019 年中国国内风险投资的降温严重影响了人工智能初创企业的融资增长，不过，当年中国人工智能公司的筹资总额仍然得以与 2018 年持平。与此同时，美国人工智能公司在 2019 年获得的投资则比上一年增加了近 40 亿美元。2019 年，中国人工智能公司筹集的风险投资和私募股权融资总额约为 56 亿美元，仅为美国同行（约 143 亿美元）的 40%。就交易数量而言，2019 年美国人工智能初创企业风险投资和私募股权融资交易共计 264 笔，领先于中国（264 笔）；按人均数量计算，在人工智能初创企业中，美国每百万员工发生交易 4.7 笔，中国每百万员工发生交易 0.3 笔。

（二）人工智能科技研发的相对态势

无论是在政府层面，还是在产业层面，中美两国对人工智能领域的科技研发投入都处于高位增长状态。就公共研发投入而言，2019 年，美国政府发布了《2020 财年"网络与信息技术研发项目"预算补编》，首次按部门披露了人工智能研发领域非密、非国防的联邦投资。据此，2020 财年（2019 年 10 月至 2020 年 9 月），美国联邦政府投入非国防人工智能研发的经费约为 11 亿美元；此外，美国国防部也为人工智能研发投资约 40 亿美元。作为对比，根据估算，2018 年中国投入人工智能研发的公共财政支出在 20 亿美元到 80 亿美元之间（Acharya and Arnold，2019）。如图 5-1 所示，就全社会研发投入而言，从 2011 年到 2021 年，中国的人工智能研发投入总额和研发投入强度均涨幅巨大，成为促进产业高速发展的重要因素。

与此同时，以论文衡量，中国人工智能研发产出数量引人瞩目，且产出质量的对美差距正在快速缩小。日本经济新闻与爱思唯尔以 2012 年到 2021 年人工智能领域的学术论文和学会论文为分析对象，发现中国在论文数量上一直排在首位，到 2021 年已经增至美国论文总

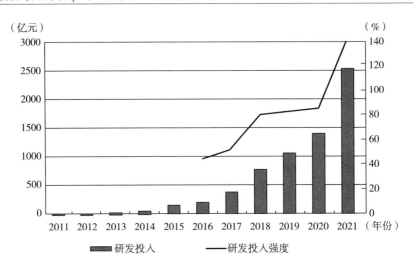

图5-1　2011~2021年中国人工智能产业研发投入总额和研发投入强度

资料来源：赛迪顾问报告：《中国人工智能产业研发强度持续增强》，2022 年第 96 期，https：//www.

sohu. com/a/601910424_378413。

数的近2倍。更重要的是，在论文质量方面，中国也逐渐占据了优势。就各年度发表的全球被引次数前10%的人工智能研究论文而言，2012年，美国以629篇排在首位，中国以425篇排在第2位；到2019年，中国已经超过美国，排名全球第一；2021年，中国高影响力的人工智能论文数量已经达到美国的170%。不过，在企业研发产出方面，美国仍占有明显优势。过去十年，微软、谷歌母公司 Alphabet、IBM 始终稳居全球企业受关注人工智能论文篇数的前三强。如表5-1所示，在2021年受关注论文篇数排名全球前十的企业中，美国企业占6家，且受关注论文数量占前十名企业受关注论文总数的70%以上。然而，中国企业也表现出强劲的追赶势头。从2016年到2021年，跻身全球企业受关注人工智能论文篇数前十位的中国企业从2家增加到4家。

表 5-1 2021 年受关注人工智能论文篇数全球前十的企业

排名	企业	论文篇数	2021 年排名	2016 年到 2021 年排名变化
1	Alphabet（美）	127	2	上升
2	微软（美）	93	1	下降
3	IBM（美）	71	3	持平
4	Meta（美）	63	4	持平
5	腾讯控股（中）	54	—	上升
6	阿里巴巴集团（中）	42	—	上升
7	华为技术（中）	40	7	持平
8	亚马逊（美）	36	—	上升
9	英伟达（美）	33	—	上升
	国家电网（中）	33	9	持平

资料来源：爱思唯尔。

（三）人工智能人才集聚的相对态势

从中美人工智能人才基础的对比态势来看，中国在人才总量上略逊于美国，在顶尖人才储备上落后美国较多。就总量而言，中国是全球人工智能人才的最大来源国，但美国才是拥有人工智能人才最多的国家。根据美国智库 MarcoPolo 的研究，全球近 1/3 的人工智能研究人员在中国完成本科教育，其中 56% 在本科毕业以后到美国继续学习；而在获得硕士、博士学位以后，88% 的中国留学生选择留在美国，只有 10% 返回中国。在这样的人才流动趋势下，中国尽管培育了大量人工智能从业人员，但本土人工智能人才储量低于美国。就顶尖人才而言，美国智库 MarcoPolo 的研究报告显示，全球顶级人工智能研究人员中，有 59% 在美国工作，不过其中只有 20% 源自美国。在美工作的顶级人工智能研究人员中，53% 源自美国境外，源自中国的人员比重更高达 37%。

应当重视的是，中国在人工智能基础层（特别是处理器/芯片和人工智能技术平台）的人才储备尤其薄弱。据腾讯研究院《中美两国人工智能产业发展全面解读》统计，2017 年，美国人工智能基础层的从业人数 1.79 万，占美国人工智能产业从业总人数的 22%；而中国人工智能基础层的从业者人数仅为 1300，不到中国人工智能产业从业总人数的 3.3%。换言之，美国人工智能基础层的从业人员数量是中国的 13.98 倍，占比是中国的 6.7 倍。中国人工智能产业从业人员主要集中在应用层（见表 5-2），难以支撑中国在基础层的科技进步和关键核心技术突破上的可持续发展。

表 5-2　2017 年中美不同层次的人工智能从业人数对比

层次	从业人数（万人）		占本国人工智能从业人数比重（%）	
	中国	美国	中国	美国
基础层	0.13	1.79	3.3	22
技术层	1.2	29.4	33	37.3
应用层	24.3	31.4	61.8	39.9

资料来源：腾讯研究院发布的《中美两国人工智能产业发展全面解读》。

（四）人工智能关键资源的相对态势

优质数据是训练人工智能、支撑人工智能产业发展的另一项关键资源。目前，与美国相比，中国国内数据质量还不够高，这一方面是因为数据积累本身的问题，如缺少类似 GitHub 的代码开源网站；另一方面是因为数据管理较为严格，数据价值尚未充分释放。不过，需要指出的是，由于中国移动支付人口渗透率全球领先（见图 5-2），海量的移动支付数据可以成为中国人工智能训练的特色优势数据来源。消费者每次使用移动设备购买产品时，都会生成数据（包括交易时间、位置和价格等）。中国的支付宝和微信支付系统将移动支付引入中国消费者的日常习惯，比谷歌支付、苹果支付和 Venmo 在美国的推广速度更快，覆盖范围更广泛。从 2010 年到 2020 年，使用移动支付的中国人口比例增长了 30 倍，从 1.91% 增至 60.71%。相比之下，2019 年移动支付的用户仅占美国总人口的 8.80%。这可能归因于两个原因：首先，在移动支付出现时，中国的信用卡渗透率比美国低得多，因此移动支付给中国人带来的好处要大得多。其次，支付宝和微信支付与智能手机和其他各种移动设备兼容，而美国最重要的移动支付应用仅适用于特定设备，即谷歌支付只适用于安卓系统、苹果支付只适用于 iPhone（Jiang & Murmann，2022）。

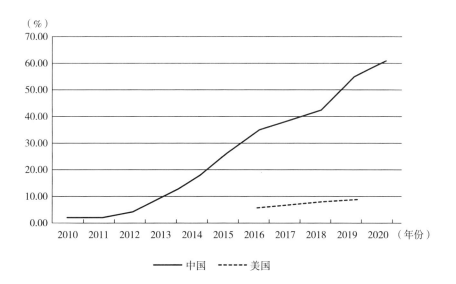

图 5-2　2010~2020 年中美两国移动支付人口渗透率

资料来源：中国数据根据中国互联网信息中心历次发布的《中国互联网络发展状况统计报告》计算。美国数据来自 Statista 数据库。

计算能力对人工智能产业的价值越来越凸显。2012 年以来，用于训练全球顶级人工智能系统的计算能力每 3.4 个月就增加 1 倍（Perrault 等，2019）。因此，人工智能芯片设计能力、超级计算机数量与性能将成为影响一国人工智能发展潜力的重要因素。就人工智能芯片设计而言，中美贸易争端使得包括人工智能芯片在内的半导体供应链面临系统性风险，用于训练和运行人工智能系统的专用芯片则可以提高这些系统的性能。2020 年，美国至少有 62 家公司开发人工智能芯片，而中国只有 29 家。以密度计算，美国每 1000 万名劳动者拥有人工智能芯片设计公司 3.7 家，而中国仅为 0.4 家（见表 5-3）。就超级计算机的数量和性能而言，中国和美国各有其长。2020 年，在全球性能排名前 500 的超级计算机中，中国拥有的总数（214 台）已经大大超过美国（113 台），但在密度上落后于美国（中国每千万劳动力拥有超级计算机 2.9 台、美国则为 6.8 台）。同时，美国在全球性能排名前 500 的超级计算机的整体算力中的占比（27.5%）也领先中国（23.3%）。

表 5-3　2019 年中美人工智能芯片设计公司数量与密度对比

国家	美国	中国
绝对数量	62	29
密度（家/每千万劳动者）	3.7	0.4

资料来源：Crunchbase，World Bank。

二、美国人工智能产业战略部署和具体措施

美国联邦政府的人工智能战略部署始于奥巴马时期，到 2021 年基

本形成完整体系。2016 年，美国前总统奥巴马在白宫前沿峰会上发布《国家人工智能研发战略计划》，列出了指导联邦政府对人工智能研发投资组合的七个战略方向：①对人工智能研究进行长期投资；②开发人机协作的有效方法；③掌握并解决人工智能的伦理、法律和社会问题；④确保人工智能系统的安全性；⑤为人工智能的训练和测试开发共享的公共数据集和环境；⑥通过标准和对标来测量和评估人工智能技术；⑦更好地理解国内人工智能研发人员的需求。2019 年，特朗普政府更新了《国家人工智能研发战略计划》，并增加了第八个战略方向，即扩展人工智能领域的公私伙伴关系，促进人工智能技术进步，同时更加强调保持美国领先地位。《国家人工智能研发战略计划》为美国人工智能研发的优先事项提供了一个顶层框架，但并未对研发之外的其他事项予以关注，也不涉及具体的财政资金支出方案。2021年，美国国会通过《国家人工智能倡议法案》，对如何强化并协调美国各部门和机构的人工智能研究、开发、示范、教育活动做出了系统性的顶层设计，标志着美国联邦政府对人工智能产业的战略部署和政策设计正式成形。在系统性顶层战略的指导下，美国人工智能产业政策在统筹协调、创新促进、基础设施、监管治理等方面的主要措施如下：

第一，2021 年以来，美国政府新设多个关键职能机构，在政府内部逐步建立起完整的、自上而下的人工智能战略实施统筹协调机制。2021 年 1 月，白宫科技政策办公室牵头成立了美国国家人工智能倡议办公室（National Artificial Intelligence Initiative Office，NAIIO），作为统筹《国家人工智能倡议法案》实施工作的核心机构，全面协调人工智能领域联邦政府研发投入、教育培训、基础设施建设等各方面工作。为加强政府内部协同，白宫同步将 2018 年成立的人工智能特别委员会改组为人工智能机构间委员会（AI Interagency Committee）。该委员会由 19 个人工智能研发应用相关的联邦政府部门高级官员组成，由白宫科技政策办公室主任及国家科学基金会、商务部、能源部三个部门选定的一名轮值主任共同承担主任工作。为充分理解并吸收社会专业意见，2021 年 9 月，商务部人工智能行动办公室新设了人工智能咨询委员会（AI Advisory Committee）。该委员会由政府部门之外的各界专家组成，定期向总统及国会提交有关美国人工智能发展各问题的研究报告。在顶层协调机构之外，联邦政府下属各部门也分别新设人工智能专职管理机构，加快落实《国家人工智能倡议法案》的战略部署。例如，美国国会参议院于 2021 年通过了《美国创新与竞争法案》（USICA），其中一项提案要求在国家科学基金会新设一个技术与创新理事会，并在 2026 财年之前为该理事会拨款 93 亿美元，以加强美国在包括人工智能在内的关键技术领域的领先地位。商务部于 2021 年成立国家海洋和大气管理局人工智能中心，能源部于 2020 年建立人工智能和技术办公室，国防部于 2020 年成立联合人工智能中心。

第二，拜登政府上台后，延续奥巴马、特朗普时期对人工智能科技研发的重视，进一步加大对人工智能研发的财政投入。《国家人工智能研发战略计划》为美国人工智能研发的优先事项提供了一个顶层框架，但并不涉及具体的财政资金支出方案。美国总统和国会通过年度财政预算为每个联邦机构设定非国防领域人工智能研发的优先事项和资金预算，国防领域人工智能研发的财政资金则由《国防授权法案》单独设定。拜登政府积极支持人工智能研发投入，2022 财年对非国防领域人工智能研发的财政预算申请总额超过 17 亿美元（The House of Representatives，2020），较 2021 财年增加约 1 亿美元。2022 年 3 月，拜登政府公布了 2023 财年的预算申请，表示将为人工智能的重大投资申请更多的资金，如为美国国家标准与技术研究院（National Institute of Standards and Technology，NIST）申请 1.87 亿美元以加速人工智能应用技术标准的开发计划。

第三，以人工智能研究院、人工智能卓越中心等全新创新主体的建设为依托，打造分布广泛的人工智能区域创新网络，完善人工智能国家创新体系。人工智能作为新兴技术，早期阶段的技术和产业发展必然呈现出空间高度集聚的特点。目前，美国的人工智能研发和产业活动集中在奥斯汀、波士顿、纽约、旧金山湾区、西雅图、华盛顿特区等大型科技中心，以及科罗拉多、新墨西哥等建有国家实验室的地区。如果没有政府干预来对抗基于产业集聚所固有的自我强化动力，人工智能经济就难以在地理上惠及更多区域。对此，美国联邦政府正采取积极行动，推动人工智能研发和产业投资向更多区域扩散。2020 年以来，美国国家科学基金会协同联邦政府相关部门，启动了人工智能研究院建设工作。截至 2022 年 7 月，美国国家科学基金会已经与农业部、国土安全部、美国国立卫生研究院等联邦机构以及谷歌、亚马逊、Intel 等企业合作成立了 18 家人工智能研究院，覆盖了全美 40 个州和哥伦比亚特区，并计划 5 年内向每个研究院给予 2000 万美元的财政拨款（Omaar，2022）。根据美国国家人工智能安全委员会的建议，人工智能研究院的总数还将扩大，最终达到 40 余家，覆盖全美各州。新建人工智能研究院对促进美国人工智能产业发展具有两方面重要意义：一是培育人工智能国家创新体系中的必要创新主体。新建的人工智能研究院涉及近 20 个学科，重点发展交叉学科及大规模人工智能研究，形成了适应人工智能多学科交叉融合特点的新型创新主体。二是构建人工智能区域创新网络。新建的人工智能研究院均由多所研究型高校或科技企业组成，同时还有包括联邦机构、社区学院、非营利性研究机构、联邦实验室、地方政府、中小企业等创新合作伙伴。这有利于促进不同公私部门的异质性创新主体紧密互动，形成围绕人工智能研究院的区域创新网络，推动人工智能渗透到区域社会经济的各个方面。

第四，加大对美国国内人工智能相关劳动力培训的支持力度，同时积极吸引更多外国高技能人才以弥补国内人工智能人才缺口。首先，根据《2021 财年国防授权法案》，美国国会要求美国国家人工智能倡议办公室制定一项战略计划，为"支持和协调与人工智能相关的联邦教育和劳动力培训"确立目标、优先事项和考核指标。这一工作将由美国国家人工智能倡议办公室的教育和劳动力培训跨部门委员会完成。其次，美国顶级的人工智能博士项目中，66%的学生来自国外；"最有前途的"美国人工智能初创企业中，66%的企业至少有一名创始人为海外移民（Huang 等，2020）。鉴于外国出生的人工智能工作者对美国人工智能创新的重要性，美国正在改革签证制度，以吸引更多训练有素的人工智能人才在美工作。例如，此前，在人工智能相关领域接受美国高等教育的外国学生毕业后，留美工作面临签证限制。对此，2022 年 1 月，美国国土安全部和国务院宣布，STEM 领域的博士将有资格获得 O-1 签证，并阐明了 STEM 人才如何满足 O-1 分类的要求，以更好地吸引和留住外国人才。杰出的人工智能人才（如优秀的教授或研究人员）则可以申请临时的、可续签的三年 O-1 签证或以就业为基础的优先 EB-1 绿卡，且每年签发的 O-1 签证数量没有上限。

第五，加强国内数据的开放共享，并为跨境数据流动制定贸易规则，以促使人工智能产业能获取和利用更多有价值的数据资源。对内，美国政府积极帮助企业获取政府数据，发挥政府数据对人工智能训练的价值。2009 年，美国科罗拉多州设立了首个政府首席数据官职位。

2013 年，美国联邦储备委员会任命了第一个联邦层面的首席数据官；随后，交通部、商务部、美国国际开发署等联邦政府机构也正式设立了首席数据官制度。为统筹协调各政府部分数据开放共享的战略与行动，2020 年，根据《循证决策法案》，美国管理和预算办公室设立首席数据官委员会，负责政府数据的开放共享，建立数据开放和数据安全的平衡机制。此后，2021 年 9 月，美国国务院发布新版《企业数据战略》，表示将使数据更具可操作性，并确保数据资产得到安全共享和有效管理。对外，美国政府积极推动在多边协定中增加有关跨境数据流动与开放的相关条款，使其成为贸易政策的重要组成部分。《跨太平洋伙伴关系协定》是首个明确规定数据跨境流动的国际贸易协定，其中禁止强制性的数据本地化要求。美国于 2017 年退出该协定，但其反对数据本地化、支持跨境数据流动的基本态度延续到此后的多边贸易谈判之中。例如，2020 年 7 月生效的《美墨加协定》除了防止各方制定保护主义的数据本地化要求，还提出了各方应开放有价值的政府数据作为公共资源，以刺激人工智能的发展。2022 年 5 月，拜登正式推出"印太经济繁荣框架"，其中同样包括跨境数据流动规则，旨在创建支持人工智能的数据共享和数据信任框架。

第六，确保合格的研究人员能够获得足够的算力资源，从而扩大人工智能通用知识库，使得人工智能相关基础设施惠及更大范围。首先，美国各级政府机构持续加强人工智能算力资源建设，提升美国本土算力资源总量。例如，2019 年，美国国际基金会投资升级改造的超级计算机 Frontera 投入使用，其改造后性能可有效支撑下一代人工智能研发。2021 年 5 月，美国国家能源研究的新一代人工智能超级计算机 Perlmutter 正式投入使用，成为当时人工智能领域混合精度性能最强的超级计算机。美国能源部投资建造的橡树岭国家实验室超级计算机

Frontier 在 2022 年投入使用，成为当时全球最快的超级计算机。其次，根据《2020 年国家人工智能倡议法案》的要求，美国正在提高人工智能算力资源对研究人员的可得性。按照该法案，美国国会要求建立特别工作组，为美国国家人工智能研究资源（NAIRR）制定路线图，使其成为"共享的计算和数据基础设施，为各科学领域的人工智能研究人员和学生提供访问先进计算生态系统的途径"。截至 2022 年 4 月，工作组已经举行了七次公开会议。

第七，加强政府机构对人工智能的应用与采购，使其成为人工智能技术的领先用户，降低各方采用人工智能技术的初期认知障碍，促进国内私营部门对人工智能创新的市场需求。美国国会采取了多项重要措施，以促进政府机构更多地采用人工智能。目前，美国政府在利用人工智能改善公共服务和获得战略优势方面表现突出。2021 年，在咨询公司 Oxford Insights 的政府人工智能准备指数中，美国在 160 个国家中排名最高；不过，许多政府机构在采用人工智能技术方面仍然面临着独特的挑战，如缺乏具备人工智能工作能力的工作人员、过时的 IT 基础架构、资本支出限制、风险规避等。为应对这些挑战，2020 年 12 月，《两党人工智能培训法案》提出设立人工智能培训计划，为联邦雇员开设人工智能基础知识课程，《2020 国家人工智能倡议法案》要求人事管理局研究如何培养必要的劳动力技能，要求总务署设立人工智能卓越中心，以便在政府机构中部署和扩展人工智能解决方案。

第八，协调和支持行业主导的人工智能标准制定工作，促进人工智能行业共识形成和标准化技术创新应用。一般而言，美国联邦政府在标准制定方面发挥的作用有限，主要通过提供参考资料、数据、仪器等方面的技术援助，支持行业主导的标准制定工作。美国的人工智能标准制定遵循美国通用的标准制定方法，侧重于由私营部门标准制定组织创建的自愿共识标准，以使得新标准能够响应行业利益相关者、政府或消费者的特定需求或问题。例如，美国汽车工程师学会组织制定自动驾驶的定义和规范，自动驾驶汽车制造商则采用这些定义和规范。2020年，美国技术协会召集了50个技术和健康组织，建立了医疗保健领域的人工智能标准，就"远程医疗"和"远程患者监控"等术语达成了共识。不过，在市场主导的标准制定体系下，美国联邦政府机构也尝试在制定人工智能标准方面发挥更大的作用。2019年特朗普发布了一项行政命令，要求国家标准和技术研究所制定"一项联邦参与技术标准和相关工具开发的计划，以支持使用人工智能技术的可靠、稳健和值得信赖的系统"。此后，国家标准和技术研究所在2019年8月发布该计划，特别是将设立联邦人工智能标准协调员职位，负责收集和分享与人工智能标准相关的需求和最佳实践，并促进为人工智能技术标准制定奠定科学基础的研究。此外，国家标准及技术研究所在2019年、2020年、2021年还分别起草发布了《对抗性机器学习的分类和术语》《可解释人工智能的四个原则》《识别和管理人工智能中的偏见的建议》等框架。

第九，基于创新优先的原则制定人工智能监管政策，仅在必要时加以限制，防止新人工智能技术带来的风险与危害，牵引人工智能有序发展。美国联邦政府认为，虽然人工智能创新可能带来风险，但这些风险是适度的、可逆转的，市场力量、法律法规、定向干预通常可以管理新人工智能技术带来的风险；由于绝大多数人工智能创新有益于社会，因此政府应当采取轻监管政策，为广泛的创新铺平道路，仅在必要时建立"护栏"（Castro and McLaughlin，2019）。2020年1月，特朗普政府发布《美国人工智能监管原则》草案，提出了10项人工智能监管原则，概述了联邦政府机构在制定人工智能监管方法时应考虑的因素：①推动"可靠、稳健、值得信赖"的人工智能发展；②为公众提供参与质量规则制定过程的机会；③以"质量、透明度和法规遵从度"的高标准保存信息；④评估和管理风险，认识到所有活动都涉及权衡；⑤寻求人工智能"净收益"最大化；⑥优先考虑适应性，以跟上技术进步的速度；⑦注意潜在的歧视和偏见；⑧权衡现有的和潜在的透明度和披露水平度量方法；⑨在整个开发和部署过程中考虑安全和保障；⑩确保人工智能相关政策的一致性和可预测性。这 10 项原则的宗旨在于限制监管部门过度干预，要求联邦机构重点采用基于风险和成本效益的人工智能监管方法，并在可能的情况下优先考虑非监管方法。2020 年 11 月，美国管理和预算办公室向联邦机构发布了关于何时以及如何监管私营部门使用人工智能的指导意见，要求政府部门在进行监管时首先进行"监管影响评估"，即监管风险和成本效益评估，确保人工智能创新的良性发展。由于美国不同领域人工智能监管的具体方法由各行政部门分别制定，上述宗旨和原则的指导意义非常重要。

三、推动中国人工智能产业加快发展的政策建议

人工智能产业高门槛、高风险、高收益的特点，使得促进该产业发展需要多维度的政策支持。建议中国对内优化政策组合，重点提升人工智能在消费领域的应用效能。对外强化与欧洲合作，推动形成意识形态中立、全球统一的人工智能科技和治理体系。如果美国成功构建"去中国化"的人工智能科技和产业体系，不仅会遏制中国人工智

能技术和产业领先，还会严重制约中国数字经济国际竞争力。因此，中国要坚决推动人工智能回归科技竞争本身，维护全球统一的、意识形态中立的人工智能标准和治理体系。

第一，中国在国内政策扶持、人才培养、资金支持、数据整合、宣传引导等方面仍需持续发力。一是强化支持人工智能应用的政策。加大对初创企业及中小企业在人工智能研发和应用方面的扶持力度，加强重点领域应用，积极引导技术与市场结合的研发方向，开发出与消费实际相适应的人工智能产品和服务，走出实验室。二是加速人工智能领域人才体系建设。加快高校中人工智能领域学科和专业的建设，推动人工智能与多学科多专业的交叉融合，培养复合型人才。积极搭建人工智能多层次教育体系，支持职业技术学校和社会化培训机构开展人工智能技能培训，培养人工智能应用领域技术技能人才，满足相应的就业岗位需要。三是建立财政引导、市场主导的资金支持机制。拓宽融资渠道，引导社会各界加大对人工智能产业的投资力度。政府可以利用政府主导的投资基金支持符合条件的人工智能项目，鼓励各界组建行业协会和产业联盟，引入不同类型的社会资本，对处于不同阶段的人工智能产品进行支持。四是完善人工智能数据共享机制。完善数据的利用与保护机制，开展公共数据开放利用改革试点，构建数据共享平台，挖掘数据价值，促进人工智能产品的研发创新。推动企业间开展数据合作，形成数据资源的互补，为消费者提供更全面的智能产品应用，实现互利共赢。五是加大人工智能产品宣传力度。政府及企业加强对人工智能产品的宣传和推广，引导更多不同区域和不同年龄层次的消费群体使用人工智能产品，从需求侧扩大群众对智能产品的需求，提升整体消费水平，与研发、生产形成良性循环产业链。

第二，强化与欧盟的科技和产业全面合作。尽管美国和欧洲已在人工智能领域开始初步合作，但双方依然存在利益分歧：一方面欧盟在标准的制定和输出方面积累了丰富的领先经验，美国担心欧盟主导人工智能领域的技术和治理标准会削弱美国全球影响力和企业竞争力；另一方面欧盟在人工智能和数字经济领域的实力都远落后于美国，欧盟也担心美欧合作会导致美国强大的互联网企业占领欧盟市场，扼杀欧盟本土企业竞争力。这决定了短期内美欧很难在人工智能领域形成事实的标准和共同的治理规范，中国则可以利用这一宝贵的时间窗口强化与欧盟在科技和产业领域的全方位合作。对此，可以重点在以下两个方面发力：

一方面，加快对中国加入全面与进步跨太平洋伙伴关系协定（CPTPP）的评估、研究和策略部署，为中国继续深度融入全球创新链和产业链赢得有利的多边条件。进一步扩大对外开放、创造公平竞争市场体系，以超大规模市场换取在科技领域的谈判筹码。加快推动与欧盟在人工智能基础研究、人才交流、技术开发等全方位的科技创新融合，形成彼此深度嵌入的人工智能创新体系。鼓励支持中国人工智能企业在欧盟建设研发中心，强化与当地企业、科研机构的交流与合作，共同推动中欧人工智能科技实力提升。

另一方面，推动中国标准组织、行业协会、企业、高校、科研机构、专家学者等主体加入各类国际人工智能组织，强化与国际组织的联系合作与信息沟通，提升中国在国际人工智能组织中的话语权。与美国加快进入并控制国际人工智能组织相比，中国目前在国际人工智能组织中的参与度和影响力还相对较小。建议借鉴5G赶超的经验，加大支持人工智能相关主体进入国际标准组织、产业协会、行业联盟等各类组织，强化与国际组织和其他主体的技术、信息交流，提升对人工智能标准和治理体系建设的话语权。一是积极加入人工智能全球合作伙伴组织（GPAI），同时支持国内人工智能知名学者以专家身份加入 GPAI。GPAI 可能成为全球人工智能领域标准制定的主流组织，但加入该组织需要同意遵守"OECD 的 AI 原则"并获得 2/3 成员同意。中国要积极争取该组织成员国的支持，尽早加入该组织。由于 GPAI 还接纳学者以个人身份加入工作组，中国也应当鼓励国内知名人工智能专家加入。二是支持企业、高校、科研机构、学者等加入国际先进人工智能协会（AAAI）等其他国际人工智能协会、组织。

参考文献

［1］Acharya A., Arnold Z., 2019, "Chinese Public AI R&D Spending：Provisional Findings", https：//cset. georgetown. edu/wp-content/uploads/Chinese-Public-AI-RD-Spending-Provisional-Findings-1. pdf.

［2］Castro D., McLaughlin M., 2019, "Ten Ways the Precautionary Principle Undermines Progress in Artificial Intelligence", https：//www2. itif. org/2019-precautionary-principle. pdf.

［3］CB Insights, 2022, "AI 100：The Most Promising Artificial Intelligence Startups of 2022", https：//www. cbinsights. com/research/report/artificial-intelligence-top-startups-2022/.

［4］Huang T., Arnold Z., Zwetsloot R., 2020, "Most of America's 'Most Promising' AI Startups Have Immigrant Founders", https：//cset. georgetown. edu/publication/most-of-americas-most-promising-ai-startups-have-immigrant-founders/.

［5］Jiang H., Murmann J. P., 2022, "The rise of China's Digital Economy：An Overview", *Management and Organization Review*, Vol. 18, pp. 790-802.

[6] Omaar H. , 2022, "U. S. AI Policy Report Card", https：//datainnovation. org/2022/07/ai-policy-report-card/.

[7] The House of Representatives, 2020, "National Artificial Intelligence Initiative Act of 2020", https：//www. congress. gov/bill/116th-congress/house-bill/6216/text.

[8] Weinstein E. S. , Luong N. , 2023, "U. S. Outbound Investment into Chinese AI Companies", https：//cset. georgetown. edu/publication/u-s-outbound-investment-into-chinese-ai-companies/.

第六章　全球云计算产业发展现状与中国政策

一、云计算产业的技术特点与经济特点

云计算是一种由软件虚拟化等技术驱动的新兴 IT 架构。在信息技术发展史上，IT 架构不断换代。20 世纪 60 年代至 70 年代，大型机占据主导地位；20 世纪 80 年代，大型机被小型计算机所取代；20 世纪 90 年代，客户端服务器成为新的主导架构；进入 21 世纪之后，互联网又逐渐取代了客户端服务器。每种新兴的 IT 架构都建立在此前主导 IT 架构的基础上，但能够以更低的成本提供更多的功能。2010 年以来，云计算开始迅速发展。这种新兴架构建立在此前已有的网络计算、网格和分布式计算等技术基础之上，利用云端的各种通用软件开发架构、运营模型、管理工具开发和提供新服务功能，只需服务供应商提供较少的互动与管理工作，即可实现广大用户对共享计算资源池的按

需访问。由于云平台是使用应用程序编程接口（API）构建的，因此能够以标准的、可复用的方式发布功能，并使用通用的计费工具和成本管理工具。这意味着，与用户直接"拥有和操作"的本地IT设备不同，云计算可以随时根据用户需求扩展、减少或关闭IT资源和服务，允许作为用户的第三方通过其利用通信网络使用的IT资源量付费，且无须用户为学习新业务、新功能涉及的知识投入过多成本，从而在扩展用户能力的同时，帮助用户实现敏捷性增益和灵活的成本控制。对于人工智能、机器学习、物联网等依赖于强大计算能力的新兴业务而言，云计算不可或缺；而这些新兴业务也被直接嵌入到云基础设施之中，作为云服务的组成部分。

云计算的基础技术架构分为IaaS（基础设施即服务）、PaaS（平台即服务）、SaaS（软件即服务）三个层次。具体地，IaaS提供底层的IT基础架构，如计算、存储和网络等；PaaS提供用于构建和支持应用程序的资源，如中间件、数据库、开发工具和管理工具；SaaS提供用户可直接使用的、完全托管的应用程序，如电子邮件、财务应用程序、供应链管理系统等。三个层次的架构同时运行，用户可以按需选择不同层级、不同模块的服务；不过，用户所选择的服务层次不同，代表着用户使用云计算服务的深度和广度不同。例如，在SaaS层次，用户可选择在云端运行电子邮件和协作、人力资源管理、会计系统等应用程序；在PaaS层次，用户可选择在云端运行数据库，提高数据库的可扩展性和可用性，同时将数据库维护转移到云端；在IaaS层次，用户可选择在云端存储数据、运行Web服务器并获得备份和恢复服务。换言之，从IaaS到PaaS再到SaaS，用户将更多的内部IT业务转移给了云计算供应商，类似于将IT业务外包。这降低了用户企业自身的IT业务运营成本，提高了IT业务运营效率，但也意味着用户企业对特定 IT 资源的控制力随之降低。需要指出的是，IaaS、PaaS、SaaS 之间存在重叠，界限并不非常清晰；且在这三个层次之外，还出现了一些新的 XaaS（X as a Service）层次（如 FaaS，功能即服务）。这些层次的云计算服务非常重要，但多数还处于早期发展阶段，应用市场规模不大。

从上述技术特点出发，云计算具有以下突出的经济特点：一是云计算具有显著的成本优势和效率优势。就运营成本而言，国际数据公司（International Data Corporation，IDC）的研究表明，与功能和性能可比的同类本地 IT 基础设施相比，云基础设施的运营成本低 31%；如果进一步将人员成本和停机成本考虑在内，以云基础设施替代本地基础设施可带来的成本节约更为显著。而随着云基础设施规模扩大以及技术创新的推进，云计算的成本还将快速下降。根据 Byrne 等（2018）的估算，云计算的算力成本每年下降 7%，数据库成本每年下降 12%，存储成本每年下降 17%。就效率而言，云计算的自动化智能化程度远远高于本地 IT 基础设施；用户企业无须为学习和开发新功能付出巨大的时间和人力成本，可随时部署和管理新功能以及整个 IT 基础架构。IDC 在一份研究报告中估计，引入云计算后，用户企业 IT 员工的工作效率提高了 62%，开发人员的工作效率提高了 25%。除了提升 IT 员工工作效率外，云计算也具有更好的存储容量使用效率。在企业内部，各个用户和部门都有特殊的存储容量使用情境和需求，且某些使用需求具有"潮汐"式特点，独立配置本地容量难免造成空置与浪费；相比之下，云计算通过汇总许多客户和部门的需求、实现便利的按需配置，能够极大提高容量利用率（Atkinson，2018）。据统计，本地服务器的利用率通常为 20% 左右；而在云计算场景下，服务器利用率通常远远超过 50%，这减少了服务器的过度配置，提高了资产使用效率。

此外，就绿色发展而言，云计算具有更好的能效和更低的碳足迹。谷歌表示，与普通数据中心相比，云数据中心每单位 IT 设备使用的能源少 6 倍（Cunliff，2020）。

二是云计算提高劳动分工和专业化水平，促进了创业与创新。云计算不仅是一种成本更低、效率更高的 IT 运营方式，而且将 IT 的专业化和分工提升到新的水平，使得云计算供应商专注于 IT 基础架构，而云计算用户则通过"外包"IT 运营，专注于自身的客户和核心业务，提升产品服务质量，并开展更多、更快的产品创新和服务创新。因为基于云计算的 IT 运营可以随时因需打开或关闭，其成本是灵活的可变成本，因此利用云计算开展产品和服务创新的试验成本也随之降低。这对于资源极度有限、无力承担较大规模本地基础设施购买和部署成本的创业企业而言尤其重要，进而为创新和就业增长打开了更大空间。事实上，初创企业是云计算的首批用户之一。很多初创企业往往选择将整个业务建构在云计算架构之上，如开发云原生应用程序，尽可能发挥云计算的全部优势。

三是云计算正成为通用性平台，使得价值链不同环节、不同规模的企业均可通过这一平台开展全球竞争，获得全球影响力。云计算作为通用性的基础设施，其推广不仅意味着 IT 领域内的创新，而且支撑着更广泛经济领域的数字化转型。正如电网的普及催生了消费品电器等广大新产品和广播电视等全新产业，云计算正在快速渗透各个行业，通过提供从基础计算到机器学习的灵活、泛在、低价的支持技术，重塑营销、开发、制造、销售、财务管理等价值创造各环节乃至整条价值链。在位的大型制造业企业（如博世、宝洁）正在将现有的 IT 业务向云端迁移，新兴的互联网企业（如 Twitter、Snap、Netflix）则将其整个直接业务构建在云端。即使是小型企业，也可以利用服务遍布全球的云计算基础设施扩大业务范围。目前，谷歌云服务覆盖 200 多个国家和地区，亚马逊 AWS 覆盖 240 多个国家和地区，微软 Azure 覆盖 140 多个国家和地区，阿里云覆盖 70 多个国家和地区。更重要的是，除了利用云计算平台扩大业务范围，使用云计算服务的企业和组织还可以改善其产品和服务质量，提高合规性，进而争取更大的全球市场。例如，利用云计算平台，互联网企业能够在不自建海外运营设施的条件下，在靠近目标市场的地理位置提供服务，从而改善网络延迟，提升服务质量；同时，将数据存储在指定国家和地区，指定数据的存储位置和计算操作的运行位置，并使用各种安全工具施加数据保护，也更容易在保证数据安全的条件下，满足监管要求。

二、全球云计算产业的市场动态和产业结构

云计算产业发展迅速，但仍处于产业生命周期的早期阶段，应用范围大于应用深度。从使用量来看，云计算正在进入主流 IT 架构的队伍；但从销售占比来看，当前云计算（特别是云计算的新服务和高级服务）的市场比重还很低。根据 Gartner 和 IDC 统计数据，2021 年全球公有云市场规模占全球 IT 支出的比重为 7.78%，美国国家科学基金会的商业调查数据也显示出类似的比重。在各层次云计算服务市场中，SaaS 市场规模最大（2020 年全球营收 1030 亿美元），IaaS 市场规模次之（2020 年全球营收 740 亿美元），PaaS 市场规模最小（2020 年全球营收 460 亿美元）。这是因为，SaaS 市场建立在既有的应用程序服务供应商的基础上，用户对其接受度更高。目前，Workday、Salesforce、

Service Now 等云计算服务公司引领着原生 SaaS 软件市场，微软、甲骨文、SAP、Adobe 等多数传统软件公司也正在从传统的本地软件许可模式转向 SaaS 模式。从不同服务的渗透率来看，大多数云计算用户仅使用计算和存储等基础服务，机器学习、物联网、专用数据库等高级服务的采用率仍然很低。不过，从市场增速来看，随着预期用户使用云的技能提高，各类组织和业务采用云计算的比例和云服务市场规模正在快速增加。2020 年，IaaS、PaaS、SaaS 三个层次的全球云计算市场总增长率 32%，大幅超过同期全球 IT 支出的总增长率（约 4%）；其中，又以 PaaS 市场增速最高。从 2015 年到 2020 年，PaaS 市场的年度复合增长率高达 65%，IaaS 和 SaaS 市场的年度复合增长率则分别为28% 和 27%（Whyman，2021）。

整体而言，在整体规模达到盈利规模之后，当前主流云计算服务供应商的盈利能力与大型软件公司基本持平。2020 年，云计算产业全行业的经营利润率在 30% 左右；规模最大的亚马逊 AWS 的经营利润率为 29.8%，微软 Azure 的经营利润率为 36.2%。不过，尽管谷歌云的收入状况历年来有所改善，但直到 2020 年第四季度仍然处于亏损状态。亏损既源于谷歌为与 AWS 和微软竞争而进行的巨额投资，也反映出谷歌云尚未达到盈利规模。需要注意的是，云计算服务的收入模式与传统的软件许可的收入模式不同，使得云计算服务供应商早期发展阶段的会计利润率低于传统软件开发商。大多数云计算服务是基于用户的实际使用情况收费的，营业收入分散在用户使用云计算服务的整个时间段内；而传统软件的大部分收入来自许可证收入，在销售的早期阶段即可创造高额的营业收入。不过，和传统软件相比，云计算服务的销售成本较低。传统软件公司的销售和营销成本通常占收入的20%~25%；而由于多种云计算服务可共享同一平台的交叉销售，加上云计算服务更高的可扩展性和更多的自助使用特点，单项云计算服务的销售和营销成本得以降低。综合考虑上述因素，云计算服务的经营利润率整体上不输于传统的大型软件；而从行业价值链的角度来看，随着传统软件加速向云端迁移，云计算服务的收入和利润还将进一步提高。

由于不同类型用户处于利用云计算服务的不同阶段，因此云计算市场可划分为客户需求存在差异的多个细分市场，具体业务需求因客户成熟度和细分市场而异。例如，初创企业作为最早采用云计算服务的企业群体，最重视 IT 部署和调整速度、按需使用的现收现付定价以及对一流技术的便捷访问。对于初级用户，云计算服务的最大价值点在于无须自身大规模投资的条件下即可改善 IT 服务的核心功能（如业务连续性和远程访问）。对于高级用户，云计算服务的最大价值点则在于云原生架构和软件开发实践使其能够快速测试产品、迅速迭代创新、极大提升业务敏捷性。需要指出的是，云计算是一种共性技术，具有跨平台的通用架构，适用于现有的大多数应用程序，但对于不是采用云原生方法开发的程序而言，则并不能与云计算架构实现最佳匹配。例如，高性能计算中的某些专用应用程序并非云原生，采用的是不太适合云计算的横向扩展水平架构，虽然可以在云端运行，但无法发挥云计算的全部优势。因此，高级用户为了建立基于云原生的竞争优势，开始面向云计算服务推动产品开发的组织变革和文化变革。

在不同层次的云计算服务供应商中，IaaS 平台供应商的固定成本很高，因此 IaaS 产业具有很强的规模经济性和很高的进入壁垒；已经形成规模经济的 IaaS 平台供应商则降低了在 IaaS 平台之上的 PaaS 和 SaaS 供应商的进入门槛。首先，就 IaaS 平台供应商的固定成本而言，根据 IDC 统计，2020 年全球云基础设施投资达 740 亿美元。全球领先的各家云计算服务供应商每年均花费数十亿美元进行基础设施建设。微软和亚马逊在全球拥有数十个地理区域和 150 多个数据中心；虽然这些领先企业并没有披露云计算相关设施建设的支出数据，但业界通常认为，在全球范围内建设云数据中心、提供千兆网络等基础设施需要数百亿美元投资，进入新地区建设云计算相关设施、提供云计算服务通常需要 10 亿美元以上投资。其次，虽然云计算服务供应商承担了高额的固定成本，但云计算基础设施高度自动化，供应商无须增加人员即可扩展计算核心和数据，因此云计算服务供应商在设备采购方面的规模经济性非常显著。迅速扩大云计算设施规模成为云计算服务供应商竞争的重要手段，云计算服务供应商也成为存储、内存和计算设备的最大买家。2020 年，云计算服务供应商的服务器订单已占全球服务器市场的 1/3。此外，由于云服务供应商需要数年才能建立并落实业务所需的数十种安全和合规制度，因此从隐性成本的角度来看，云计算服务也具有很强的规模经济性。最后，强规模经济性为后发的 IaaS 平台供应商带来了很高的进入门槛，但低成本、大规模的 IaaS 平台供应商则降低了 PaaS 和 SaaS 供应商的进入门槛。随着 IaaS 用户数量增长，每个计算和存储单元的平均成本随着利用率增长而快速下降，最终为利用 IaaS 基础设施开发或使用 PaaS 和 SaaS 产品的用户带来更低的价格和更便利的使用条件。

强规模经济性决定了云计算服务市场的集中度将随着时间推移而提高。目前，前三大云计算服务供应商已经占据了 60% 的全球市场份额，前五大云计算服务供应商的全球市场份额超过了 70%。根据 Synergy Research 估算（Synergy Research Group，2021），2020 年第四季度，以营业收入计算，在 IaaS、PaaS 和托管私有云市场中，亚马逊 AWS 占 32%、微软占 20%、谷歌占 9%、阿里巴巴和 IBM 各占 5% 左右。由于

显著的规模经济性和先发优势，全球前三大云计算服务供应链的市场
地位连年保持稳定。其中，亚马逊 AWS 开创了公有云计算市场，营业
收入连续十年处于全球领先位置。微软位居第二，随着其软件业务逐
渐采用云计算架构，其市场占比从 2017 年的 10% 上升到 2020 年的
20%。与此同时，谷歌、阿里巴巴、IBM 的市场份额涨幅则较小，而
前 10 名之外的供应商所占的市场份额还在持续减少。主流的通信运营
商（如美国的 AT&T）和传统的 IT 服务供应商（如思科）因难以承担
云计算基础设施建设所需的大量投资，已经退出这一市场。目前，主
流的云计算服务供应商在追求规模经济性的同时，也已经初步形成了
各自的战略重点（见表6-1）。

表 6-1　主流云计算服务供应商的战略特点

供应商	战略特点
亚马逊 AWS	强调技术性能，服务广度和服务深度全球领先，引领了众多新型云服务的发展
微软 Azure	利用与现有软件用户的客户关系，发挥 Office/Office365 和 Windows 操作系统的安装基础优势，以及既有的销售合作伙伴系统，构建云服务组合，以缩小与亚马逊 AWS 之间的差距
谷歌云	具有在数据和分析方面的技术优势，致力于提升其销售能力和支持能力，面向垂直行业拓展云计算服务业务
IBM	强调混合云计算（Hybrid Cloud Computing），利用庞大的既有本地设备客户群，并收购全球领先的企业级开源解决方案供应商 Red Hat，从而专注于发展多云管理和混合云管理
甲骨文	利用其广泛部署的专有数据库和 ERP 软件基础，专注于发展面向大型企业和关键业务的云计算服务
阿里云	在中国云计算服务市场占据主导地位，是亚洲市场的主要参与者；相对于中国其他云计算服务供应商，人工智能技术较强
腾讯云	注重投入云计算基础能力建设和大数据的研发实践，强调产品的场景化能力
VMware	利用其在本地虚拟化领域的领先地位，提供跨私有云、混合云和公共云的通用解决方案；但不再提供 IaaS 数据中心硬件基础设施，而是在亚马逊 AWS、微软 Azure、谷歌云、IBM 云和其他云平台上运行

资料来源：笔者整理。

云计算平台作为底层，其上是多样化的专业服务供应商和复杂的创新生态系统。首先，基于亚马逊、微软、谷歌、阿里巴巴、腾讯等公司提供的底层云计算平台，众多企业能够在不自购设备的情况下提供更专业的服务，或是实现传统服务模式的转型。虽然云计算正在颠覆基于本地 IT 环境的传统服务，但很多企业利用云计算平台开发新业务，保持与客户的相关性并实现新环境下的成长。目前，所有主要的系统集成商都成立了专门的云业务部门，协助客户将业务迁移到云端（Nash，2017）。云计算平台供应商出于生态竞争的目标，与利用平台的服务供应商建立正式的合作伙伴关系，通过联合市场计划、技术援助、商业激励等方式以促进更多业务向本企业构建的云计算平台迁移，通过为软件开发工作者提供更多资源以鼓励更多开发者使用本企业的云计算工具和技术（Konkel，2014）。其次，与云计算平台互补的交易平台有助于基于云计算平台的专业服务供应商和潜在用户需求更有效率地实现匹配。亚马逊、微软、谷歌都已经建立在线市场，客户可以在其中找到来自平台预先认定的合作伙伴的软件、数据和服务，并为平台已经预先测试和预先集成的软件付费。例如，亚马逊 AWS 拥有超过 7000 种产品和 30 万活跃客户。而从用户角度来看，借助平台，政府和企业客户能够便利地搜寻到小型新创企业的创新解决方案，并让小型新创企业快速接触到新客户；而在没有平台的情况下，政企客户通常不会与这些小型新创企业互动。最后，底层云计算平台供应商和依赖平台的专业服务供应商之间存在复杂的竞合关系。云计算平台供应商多数是多元化公司，在提供云计算平台之外，也提供专业服务。依赖云计算平台的独立软件供应商提供的产品既有云计算平台公司所不提供的附加服务，也有与云计算平台公司自有业务之间存在直接竞争关系的产品。例如，Snowflake 作为一家 SaaS 公司，在亚马逊

AWS、微软 Azure、谷歌云平台上运行，但其 SaaS 业务又直接与这三家公司的业务竞争。与此类似，VMware 借助亚马逊 AWS、微软 Azure、谷歌云、IBM 云平台提供虚拟机软件，但又与这些公司直接竞争。

三、"政府云"对中国云计算产业竞争力的影响

（一）中国"政府云"建设进程和模式选择落后于美国

云计算可以显著增强政府信息化的可扩展性、节约成本、强化信息安全，还能够打通部门间信息孤岛、提升政府数据分析能力和服务敏捷性、推动政府治理真正向"整体政府"的方向发展。因此，近年美欧等发达国家纷纷加快制定并实施"政府云"战略。虽然中国近年也不断推动"政府云"转型，但在战略部署、模式选择、系统推进等方面均滞后于发达国家。

在战略部署方面，相对于美国前瞻性、系统性的战略部署而言，中国政府"云转型"一方面缺乏宏观战略牵引，另一方面缺乏配套的实施细则和改革措施跟进。早在 2009 年，美国联邦政府就对政府"云转型"进行了战略部署，并制定了"两步走"的实施策略：第一阶段从 2010 年到 2018 年，以"云优先"（Cloud First）为主要导向，全面建立适合云计算服务体系的配套实施细则，解决政府业务上云面临的各类技术、能力和财务问题。通过第一阶段的实施，美国 85% 的联邦机构已经采用了云计算服务。第二阶段从 2018 年开始，以"云智能"

（Cloud Smart）为导向，核心是解决用好云的问题，基本思路是通过提供各种赋能工具和最佳实践，让联邦机构能自主规划、实施和应用云计算服务，支撑政府从业务上云到业务智能云转型的战略目标（U.S. Department of Justice，2019）。反观我国，虽然在"数字政府"战略框架下提出了推动云转型的目标，但缺乏云转型的整体战略规划以及明确的路线图和进度表，各级政府部门上云的操作规程缺乏规范和政策指引，云转型的规划性和规范性不足，导致在美国政府云能力建设已经完成由第一阶段的"上云"战略向第二阶段的"智慧云"战略有序演进的时候，中国政府云计算服务建设总体上还处于美国云能力建设第一阶段的初期，部门业务上云的比例较低。

在模式选择方面，美国多通过采购云服务的模式实现业务上云和数字治理效能提升。而中国政府因为普遍存在的"重硬件设施，轻软件服务；重建设，轻运营"观念，上云用云模式仍然以自建或私有云为主，云服务商业模式发育不成熟，云服务采用率较低、采购层级低下，上云用云效能远低于美国。虽然 2011 年出台的《国家电子政务"十二五"规划》就提出要研究云计算在电子政务中的作用，建设统一的区域性电子政务云平台，但由于长期以来政府自建 IT 系统的路径锁定和思维惯性，以及传统的预算、采购、资产认定等制度体系约束，中国政府（尤其是中央部委）数字化建设还采用政府采购硬件分散自建数据中心或私有云的模式，购买云服务的比例偏低。根据 Gartner 的统计数据，中国 IT 支出中硬件支出占比高达 83%，不仅远高于美国 36%的水平，也高于全球 45.5%的平均水平；而在云服务规模方面，美国是中国的 8 倍。此外，仅就云服务采购而言，中国的云服务采购结构不合理、能级较低，以硬件基础设施为核心的 IaaS（基础设施服务）采购占比过高，对能全面提升政府能力的 PaaS（平台服务）和

SaaS（软件服务）采购比例较低。

在系统推进方面，美国以建设"整体政府"、提升整体效能为目标，协同推进各政府部门采购云服务，实现同步上云。利用云服务全面提升政府数字治理能力的关键，是各级政府部门通过采购云服务同步推进"云转型"，从而打通部门间数据壁垒、实现业务协同。为此，美国联邦政府在总务管理局设立跨部门的云解决方案工作组，为各政府部门采购云服务提供专业化指导，协同推进各部门上云用云。此外，美国联邦政府很多部门也在内部设立了支撑本部门业务上云用云规划和实施的机构；例如，美国防部就成立了云执行指导小组（The Cloud Executive Steering Group，CESG），制定并实施加速采用云架构和商业云服务的战略。相比之下，虽然中国政府的云服务采购比例不断提升，但各政府部门上云用云缺乏顶层系统协同推进机制，上云用云步调不统一，存在结构性短板，降低了政府"云转型"的一体化效能。特别地，地方政府采购云服务的意愿较强、上云用云步伐较快，中央部委云转型相对缓慢，且多采用自建私有云的模式，导致国务院与地方政府的部分数据和业务无法连通。

中国"政府云"战略规划、模式选择和系统推进的滞后，不仅导致数据中心等信息基础设施无法通过集约化建设提升效率，还形成分散的数据孤岛，使得政府无法利用云计算服务快速迭代的技术特征、实现数字治理能力的重塑和业务创新能力提升。联合国针对全球电子政务调查评估的结果显示，从 2018 年到 2020 年，中国电子政务发展指数的全球排名提升了 20 位，2020 年位列 45 位，但与当年排名第 7 位的美国还有相当的差距。

（二）"政府云"建设滞后阻碍云计算产业竞争力提升

"政府云"建设滞后使得政府领先用户的牵引作用未能充分发挥，制约了我国云计算产业生态的完善和国际竞争力的提升。传统产业竞争力的主要载体是单个企业和独立技术，而云计算产业竞争力的主要载体是云平台以及生长在云平台之上的广大 SaaS 企业；二者相互促进，共同构成一体化的产业生态。作为战略新兴产业，云计算产业目前正处于完善产业生态、培育优势培育的关键时期。在这一时期内，政府、央（国）企等机构需要充分发挥领先用户的牵引作用，通过政府采购形成应用示范作用，带动其他市场主体采购云计算服务，从而加快形成良性产业循环，培育本土产业生态。但是，如前所述，与美国、欧洲政府利用政府需求牵引云计算产业发展形成对比的是，中国政府上云用云的战略规划和模式选择远远落后于美国，未能充分发挥政府采购对云计算产业生态培育的预期牵引作用。虽然华为、阿里、浪潮、用友等基础设施层、平台层、应用层的本土企业已经初步构建起自主可控、具有一定竞争力的云计算生态体系，但受制于政府云转型整体战略的缺失，受制于与云计算服务商业模式相匹配的政府采购政策和操作细则的缺乏，目前中国政府云服务采购对拉动产业生态完善的影响并不突出。此外，作为重要领先用户的央（国）企，由于受到资产保值增值、采购预算约束等因素限制，云服务的使用率较低，同样未能发挥对云计算产业生态的牵引培育作用。

在此背景下，我国云计算产业生态发育已经明显落后于美国：首先，从云计算服务的市场规模来看，我国云计算服务市场发展总体落后于美国 5 年以上。根据 Gartner 的数据，2020 年美国云计算服务市场规模为 1420 亿美元，中国仅为 186 亿美元，中美相差 8 倍。

其次，从产业生态来看，一方面，美国庞大的云计算服务市场已经培育出亚马逊、谷歌、微软等云计算平台龙头企业；另一方面，基于本土云计算平台，美国已经孵化出 Salesforce、Adobe、Zoom、Docu-Sign 等各种规模、各种类型的 SaaS 企业，且云计算平台与 SaaS 企业相互促进、良性循环，逐步构成了具有全球竞争力和领先优势的产业生态体系。对比来看，中国云计算平台企业和 SaaS 企业发展都相对缓慢，企业规模和竞争力远低于美国，产业生态依然不完善。就云计算平台而言，从企业规模来看，美国排名前三的云计算服务企业占据78%的全球市场份额，其中亚马逊 AWS 的全球市场份额达到46%；中国排名前三的云计算服务企业的全球市场份额只有15%左右，最大的本土云计算平台企业阿里云的全球市场份额只有9%左右。就 SaaS 企业而言，美国软件企业总体上已经实现 SaaS 转型，云服务收入占比接近90%；而中国软件企业的云服务收入占比不足10%，基于云的原生软件开发更是远远落后。

最后，尤其需要注意的是，SaaS 产业发展的滞后可能使得中国在云计算时代错失软件产业弯道超车的机会。中国软件行业起步较晚，在基础软件、行业应用软件等领域都落后于美国，因此面临着在工业软件、操作系统等领域受制于人的局面，可能引发较为严重的产业安全问题。如果中国软件产业能有借助当前全球软件向云端迁移的服务化发展趋势，则可能实现弯道超车；但是，当前发展环境可能使得中国软件产业错失赶超机遇：第一，政府、央（国）企等用户仍然习惯于传统的"硬件+软件"打包一站式模式，偏好一次性交付的定制化软件产品，对 SaaS 软件的接受程度低，对标准化软件产品周期性使用付费的意愿不强，难以快速适应标准化 SaaS 产品的部署。第二，中小企业软件付费意愿弱、付费能力低、市场过度竞争、客户流失率高等因素也制约了中国 SaaS 产业的发展。从企业平均单价来看，美国 SaaS 企业平均单价能够达到 255 美元，而中国只有 22 美元左右。从市场竞争来看，中国 SaaS 市场已经出现恶性竞争的情况；功能和体验可比的企业级 SaaS 产品，在中国的市场价格只有美国市场价格的 10% 左右。从客户到期流失率来看，中国 SaaS 企业的客户到期流失率在 30% ~ 40%，美国则只有 10% 左右。综合来看，中国信息通信研究院发布的《云计算发展白皮书》显示，中国十大 SaaS 公司的市值之和只占美国的 13% 左右。

四、"政府云"牵引中国云计算产业发展的建议

为了更好利用"政府云"建设牵引中国云计算产业和生态发展，建议在战略引导、组织保障、平台建设、国企采购方面加强政策支持。

第一，强化战略引导。建议发改委会同工信部、网信办、财政部等部门加快研究制定《政府云中长期发展规划》，明确云计算服务在政府信息化建设中的优先地位，明确政府云能力建设的时间表和路线图。政府云转型效能提升不仅需要系统推动垂直部门和平行部门同步转型，同时还需要协调工信部、财政部、网信办等相关管理部门共同破除妨碍云转型的制度性障碍。为此，建议加强顶层设计，加快制定《政府云中长期发展规划》，从战略规划、模式选择、推进蓝图等方面进行系统规划，该规划应包括以下内容：

首先，进一步加快推动政府（包括央（国）企）数据中心基础设施的规模化、集中化、集约化建设，探索"一市一云"建设试点，全

面提高云计算基础设施效能。数据中心基础设施向云计算服务转型是基于"云服务"全面提升政府治理能力的前提。然而，在当前中国政企数据中心中，传统数据中心仍占较大比例，云计算数据中心占比较低（2019年政企数据中心中云计算数据中心占比不到30%）。为此，需要加快推动数据中心集中化、集约化建设，在深圳、长沙等有条件的城市探索"一城一云"建设试点，以"一个城市建设一朵云"为原则，探索数据中心集中化建设模式，同时全面打通部门间数据壁垒，提升城市治理水平。

其次，建议借鉴美国、欧盟、日本、新加坡等国家和地区的做法，明确提出各级、各类政府机构业务实现云服务转型的战略，要求国务院、地方政府在信息化建设过程中，在有多种可选方案的情况下，须优先考虑云服务解决方案，从根本上解决传统电子政务基础设施使用率低、资源需求分散、系统重复建设严重、工程建设难以管理以及建设周期过长等问题。为此，建议明确政府信息化建设中云计算服务采购的比例。2020年《国家政务信息化项目建设管理办法》虽然提出"项目建设单位应当充分依托云计算服务资源开展集约化建设"，但对于各部门采购云计算服务的比例并未做出明确规定。建议参考欧美等国家和地区的一般做法，约束性规定各级、各类政府部门每年信息化支出中用于云计算服务的比例不得低于35%，力争在"十四五"末期实现政府部门通过采购云服务实现业务上云的比例不低于80%。

第二，夯实组织和制度保障。建议成立由发改委、财政部、网信办、市场总局、工信部等部门组成的部级协调工作组，协同推动建立有利于云计算服务战略实施的预算、采购、安全评估等配套制度，协同推动各政府部门同步上云用云。云计算服务在商业模式、成本估算、经济属性等方面与传统IT系统存在较大差异，目前基于传统IT系统建立的政府 IT 预算、采购等制度体系滞后于云计算服务发展要求，迫切需要协同各部门推动相关配套制度改革。

首先，完善预算政策，明确云计算服务的预算科目归属。由于缺乏政策规范，在实际操作中，目前各级各类政府部门或者将云计算服务归属于"商品与服务费"项下的"维护费"，或者归属于"商品与服务费"项下的"租赁费"。然而，云计算与服务在财务属性方面实际上通常既不属于"维护费"也不属于"租赁费"，这直接导致政府部门在云计算服务预算制定中面临困难。鉴于云计算服务将成为未来政府信息化支出的重要构成，建议在政府预算的"商品与服务费"项下增设"云计算服务"科目。

其次，完善采购政策，在将"云计算服务"明确列入政府采购目录的服务采购品类的基础上，进一步明确"云计算服务"的产品种类同时包括 IaaS、PaaS 和 SaaS，并相应调整面向各级地方政府的政府采购目录，加大对 PaaS 和 SaaS 的采购力度。

最后，增加云服务安全评估的公共服务供给。为了保证用户能够获得安全可靠的云使用环境，美国、英国、新加坡等国家和地区的通行做法，是由政府部门开展云安全认证工作，如美国联邦政府在内部推行的联邦风险和授权管理计划（FedRAMP）、新加坡资讯通信发展管理局指导制定的多层云安全（MTCS）标准等。2015 年起，中国政府相关部委也已经开展或支持云安全认证相关工作，但评估机构单一、评估工作人员数量不足，造成安全评估服务供给不足，无法满足政府对云计算服务市场需求高速增长的需要。对此，建议增加云计算与服务安全评估机构的数量，通过竞争推动安全评估公共服务的供给水平提升和创新发展。

第三，夯实云计算服务平台底座，加快推动面向本地市场需求的

SaaS 软件发展，争取利用云服务化契机，推动中国软件产业跨越式发展，实现云计算产业生态领先。当前，全球软件产业正处于从传统软件向云化软件转型的关键时期，这为中国软件产业实现弯道超车、全面走向国际化提供了重要的机会窗口。为此，中国可从如下几方面进行前瞻性布局：

首先，加快培育云计算服务平台，夯实云化软件发展的底座。美国云化软件繁荣的重要原因，就在于亚马逊、微软等大型云计算服务平台为云化软件企业提供了广泛的应用市场，形成了软件和平台协同发展、良性互动的产业生态。当前中国云计算服务平台的规模和市场竞争力都较弱，在一定程度上制约了云化软件产业的发展。为此，应鼓励腾讯云、阿里云、华为云、天翼云等云计算服务平台企业的发展，加快完善云计算产业生态。

其次，通过政府补贴等方式，鼓励企业使用 SaaS 软件，以需求牵引大中小 SaaS 企业梯度发展、协同共进。当前我国云化软件产业发展势头较好，初步培育了以用友、金蝶为代表的领先企业，但产业规模仍然较小，产业结构和企业活力也有待进一步优化。对此，一方面，建议以扩大市场需求为导向，加大对用户使用 SaaS 的补贴力度，通过市场需求牵引企业成长和产业优化；另一方面，建议加快构建支撑企业研发的公共供给服务平台，如在新一轮重大科技专项的相应项目下设置基于云原生架构的 SaaS 软件开发课题，支持提供在云上进行软件开发、部署、交付、运营和服务的专业平台发展。

最后，加强 SaaS 软件的知识产权保护，特别是加大对中小微 SaaS 软件企业知识产权的保护力度，探索在 SaaS 软件领域开展侵权诉讼的"辩方举证"，以 SaaS 为突破口为中国软件产业整体的知识产权保护运用提供先行先试的模板。

第四，以国有企业产业链链长建设工作为抓手，加快建立国有企业采购云计算服务的促进制度，探索云上数据产权治理和安全监管制度，发挥国有企业的"头雁"作用，牵引全产业链云化升级、数字化转型。上云用云是推动企业数字化转型的关键，但经济效应不明显、安全顾虑较多阻碍了企业上云用云和数字化转型的步伐。为此，建议以国有企业产业链链长建设工作为契机，发挥国有企业的引领示范作用和制度建设的先行探索作用：

首先，调整国有企业考核方式，将"云计算服务"单独列支考核，将国有企业上云、用云内容纳入中央企业战略规划，探索云服务归属长期租赁的会计制度，率先打造上云用云效率提升的应用示范场景，带动其他企业上云用云。当前，国有企业上云用云示范过程中还存在一些制度障碍。例如，在目前的财务和考核体系下，云计算服务归类为费用而非资产；因此，央（国）企出于国有资产保值增值的考核约束和审计要求，倾向于采购传统的 IT 硬件资产而非云服务。但实际上，云服务按需使用，价格、服务内容和交易流程透明，既可以大幅提高央（国）企信息化采购的合规性和透明度，又可以显著提高央（国）企的数字化能力。为此，建议将"云计算服务"单独列支考核，将国有企业上云、用云内容纳入中央企业战略规划，探索云服务归属长期租赁的会计制度，充分释放国有企业上云用云外部约束力。

其次，加快鼓励国有企业探索云上数据产权归属、数据使用、数据安全治理的制度模式。数据安全是制约企业上云用云以及数字化转型的重要障碍，且数据安全监管和治理现在尚没有成熟的经验可供参考。为此，可以在重点领域、重点行业发挥国有企业的先行试点作用，率先探索云上数据产权归属、分级治理、安全体系建设等制度。

参考文献

［1］ Atkinson R. D. , 2018, "How to Reform Worker‐Training and Adjustment Policies for an Era of Technical Change", https：//itif. org/publications/2018/02/20/technological‐innovation‐employment‐and‐workforceadjustment‐policies.

［2］ Byrne D. , Corrado C. , Sichel D. E. , 2018, "The Rise of Cloud Computing：Minding Your P's, Q's and K's", NBER Working Papers 25188, https：//www. nber. org/papers/w25188.

［3］ Cunliff C. , 2010, "Beyond the Energy Techlash：The Real Climate Impacts of Information Technology", https：//itif. org/publications/2020/07/06/beyond‐energy‐techlash‐real‐climateimpacts‐information‐technology.

［4］ Konkel F. R. , 2014, "Amazon is Building A Cloud for the Intelligence Community under A Plan to Upend the Status Quo", https：//www. nextgov. com/it‐modernization/2014/07/daringdeal/100872/.

［5］ Nash K. , 2017, "J. P. Morgan Chase Names New CIO as Dana Deasy Exits", *The Wall Street Journal*, September 7.

［6］ Synergy Research Group, 2021, "Cloud Market Ends 2020 on a High while Microsoft Continues to Gain Ground on Amazon", https：//www. srgresearch. com/articles/cloud‐market‐ends‐2020‐high‐while‐microsoft‐continues‐gain‐ground‐amazon.

［7］ U. S. Department of Justice, 2019, "Promoting Public Safety, Privacy, and the Rule of Law Around the World：The Purpose and Impact of the CLOUD ACT", https：//www. justice. gov/opa/pr/ justice‐department-announces-publication-white-paper-cloud-act.

［8］ Whyman B. , 2021, "Secrets from Cloud Computing's First Stage：An Action Agenda for Government and Industry", https：//itif. org/ publications/2021/06/01/secrets-cloud-computings-first-stage-action-a- genda-government-and-industry/.

第七章 中国新型基础设施建设的重点领域与总体战略

一、新型基础设施的内涵及其数字化特征

2020 年，国家发改委提出，"以新发展理念为前提、以技术创新为驱动、以信息网络为基础，面向高质量发展的需要，打造产业的升级、融合、创新的基础设施体系"，并将新型基础设施划分为三类：一是信息基础设施，主要指基于新一代信息技术演化生成的基础设施，如以 5G、物联网、工业互联网、卫星互联网为代表的通信网络基础设施，以人工智能、云计算、区块链等为代表的新技术基础设施，以数据中心、智能计算中心为代表的算力基础设施等。二是融合基础设施，主要指深度应用互联网、大数据、人工智能等技术，支撑传统基础设施转型升级，进而形成的融合基础设施，如智能交通基础设施、智慧能源基础设施等。三是创新基础设施，主要指支撑科学研究、技术开

发、产品研制的具有公益属性的基础设施，如重大科技基础设施、科教基础设施、产业技术创新基础设施等。

尽管有上述政策界定，但在具体执行层面，各方有关新型基础设施的范围仍然存在较大争议。部分机构和学者认为新型基础设施主要包括5G、人工智能、工业互联网、物联网等；有些机构和学者将特高压、新能源汽车充电桩等视为智慧能源基础设施、智能交通基础设施的组成部分，纳入新型基础设施范围。从新型基础设施"以技术创新为驱动、以信息网络为基础""面向高质量发展"的性质出发，新型基础设施的范围应该界定在数字经济领域，即新型数字基础设施以及传统基础设施的数字化，其主要原因如下：

第一，明确新型基础设施的范围集中于数字经济领域可以有效应对全球数字经济新型基础设施建设的竞争，促进中国数字经济发展取得领先优势。数字经济是未来全球经济增长的主要动能，夯实数字经济领域的基础设施是发展数字经济的前置条件。目前，不管是发达国家还是发展中国家，都将数字经济基础设施建设作为支撑数字经济发展的重要抓手（郭凯明等，2020）。例如，澳大利亚政府早在2016年就推出了以数字经济基础设施为核心的"智慧城市计划"，印度也出台了"国家数字通信政策"，以加快通信网络等数字经济基础设施的建设。第二，数字经济基础设施具有相似的技术性和经济性，但和其他基础设施在技术特性和经济特性方面具有较大差异，部署战略和建设措施也存在较大不同。将新型基础设施的范围集中于数字经济领域，有利于在政策思路和政策设计上实现一致，进而提高新型基础设施建设政策的实施效果。第三，将新型基础设施的范围集中于数字经济领域可以有效防止"新型基础设施"概念的泛化和滥用，避免因短期经济刺激需求，造成新型基础设施建设的长期效率损失。基础设施投资具有较强的乘数效应（胡李鹏等，2016；金戈，2016），新冠肺炎疫情对中国经济造成的短期负面影响需要通过加快基础设施投资予以对冲。与此同时，传统基础设施趋于饱和，投资效率降低。在此背景下，需要认识到新型基础设施是支撑数字经济发展的长远战略，而不是刺激总需求、应对短期经济下行压力的手段。如果通过泛化新型基础设施的概念和内容，将与数字化、智能化无关的传统基础设施也纳入其中，以新型基础设施的建设热度带动传统基础设施建设，会降低新型基础设施建设的长期效率。

具体到操作层面，在数字经济相关的新型设施中，确定哪些设施属于新型基础设施，应遵循基础性和公共性相分离的标准。对以铁路、公路、机场、港口等为代表的传统基础设施而言，其底层设施和上层应用的边界非常清晰，如高速公路本身属于底层设施、在高速公路上行驶的车辆属于上层应用（马淑琴和谢杰，2013；欧阳艳艳和张光南，2016）；底层设施既具有较强的"基础性"，又具有较强的"公共物品属性"，所以根据基础性和公共性相统一的标准，可以比较容易地界定哪些设施属于应由公共财政支持建设的基础设施，哪些属于应由私有部门自行投资建设的上层应用。与传统基础设施不同的是，以网络化、信息化和智能化为核心的数字经济领域基础设施的底层技术（硬件）和上层应用往往具有一体化的特征，既具有一定的公共物品属性，又具有私人物品的属性。例如，数据中心是支撑云计算、人工智能、工业互联网产业发展的重要基础设施，但是数据中心往往与其上层应用紧密联系在一起，表现出一体化的特征，具有企业投资的私人物品属性。这意味着，采用基础性和公共性相统一的标准会带来新型基础设施边界模糊、似是而非的问题。因此，新型基础设施的界定应该采用基础性和公共性相分离的标准，将基础性作为新型基础设施范围的界定标准，将公共性作为确定新型基础设施投资模式的标准：首先，以是否对经济发展具有支撑性、基础性作用为标准（王贤彬等，2014），界定新型基础设施的范围。一方面，新型基础设施的底层技术是新兴的共性技术，即主要基于智能化、数字化并具有多行业通用性的技术；另一方面，基础设施具有前向关联的特征（张勋和万广华，2016；郑世林等，2014），这要求新型基础设施作为基础设施或平台，可以通过催生新兴产业、融合传统产业而产生巨大的经济和社会效益。其次，针对具备基础性的底层设施，进一步以是否具有很强的公共性为标准，确定新型基础设施的投资主体。对于公共物品属性强的新型基础设施，政府应作为主要出资者的作用；对于公共物品属性弱的新型基础设施，应该充分激发私有部门的市场化投资。

如表 7-1 所示，综合考虑基础性和公共性标准，新型基础设施整体上可分为两大类：一是数字基础设施。这类基础设施本身是新一代信息技术的载体，集软件、硬件、标准于一体，是数字化、智能化生产和生活必要的数字设施底座。这包括以 5G 和 F5G 为代表的全光网2.0、北斗卫星导航系统、物联网（包括工业互联网、车联网）、人工智能、数据中心（包括数据存储和计算）等。进一步地，根据不同的技术经济属性，数字基础设施又可进一步分为核心连接基础设施和能力平台基础设施两类。核心连接基础设施即整个新型基础设施体系建设的物理底座，包括 5G 无线网络、F5G 固定网络、北斗卫星导航系统等。能力平台基础设施即通用性数字化、智能化能力的供给设施，包括工业互联网、人工智能、数据存储和计算平台等。这类设施借助核心连接设施的网络连接能力，会聚、加工数据供给，提供通用性的数据采集能力、先进计算能力和分析决策能力。二是数字化升级的传统基础设施，也可称为产业融合基础设施，是特定产业部门应用数字化、智能化能力的专用性设施。随着生产生活方式向数字化、智能化方向发展，电力、市政、交通等传统基础设施只有实现向数字化升级才能满足新的需求。因此，利用新兴技术推动交通、电网、市政等传统基础设施向数字化智能化方向升级，也构成新型基础设施的重要组成部分。这类"改造型"的新型基础设施包括智慧交通、智能电网、智慧市政（包括智慧水电气）、重大疫情灾害防控和应急管理体系。

表 7-1　新型基础设施的内涵和范围

新型基础设施类型	内涵	范围
数字基础设施	新一代信息技术的载体，集软件、硬件、标准于一体，是数字化、智能化生产和生活必要的数字设施底座	核心连接基础设施：以 5G 和 F5G 为核心的全光网 2.0、北斗卫星导航系统等；能力平台基础设施：物联网（包括工业互联网、车联网）、人工智能、数据中心（包括数据存储和计算）
数字化升级的传统基础设施	对电力、交通、能源、水利等传统基础设施进行数字化改造，打造具有数字化、智能化功能的新型基础设施	智慧交通、智能电网、智慧市政（包括智慧水电气）、重大疫情灾害防控和应急管理体系等

资料来源：笔者整理。

特别值得重视的是，新型基础设施不仅包括硬件设施，而且包括平台、标准体系等大量软件设施。铁路、公路、机场、港口等传统基础设施的建设以物理硬件为主；但是，以信息化、数字化为核心的新型基础设施不仅包括物理硬件设施，还包括软件、平台、安全体系等软件设施，而且软件设施占据较大比重。以 5G 移动通信网络为例，其物理设施主要是通信基站，但在通信基站以外，基站管理软件、操作平台、安全体系等软件都是 5G 网络运行不可或缺的组成部分。此外，新型基础设施建设的重要战略目标就是促进新兴产业发展，掌握前沿技术的制高点，而数字经济时代前沿技术的重要组成部分就是软件、平台、操作系统、标准体系等软件设施。因此，新型基础设施建设不应局限于硬件设施的投资建设，更应包括对平台、标准体系、安全体系等软件标准的战略性部署与投资。

二、各类新型基础设施建设的重点领域

（一）新型数字基础设施建设的重点领域

各类数字基础设施之间具有较强的关联性、网络性和协同性。要充分发挥数字基础设施的赋能作用，需要构建完整的数字基础设施体系，防止出现结构性和功能性短板。从新型基础设施体系完整性、结构完备性以及功能完善性角度出发，数字基础设施建设的重点领域应该包括以 5G 和 F5G 为核心的全光网 2.0、物联网（包括工业互联网、车联网）、人工智能、数据中心（包括数据存储和计算）、北斗卫星导航系统等（见表 7-2）。

表 7-2　数字经济的基础设施重点建设领域

重点建设领域	重点建设内容
F5G 和 5G	5G 机房、供电、铁塔、管线等的升级、改造和储备 5G 基站、核心网、传输等基础网络设备研发与部署 F5G 网络的升级、改造 承载网、核心网的光纤化改造
物联网	物联网云、网、端相关设施建设 围绕车联网的车、路、网协同的基础设施建设 工业互联网网络、平台建设、试点示范项目建设

续表

重点建设领域	重点建设内容
人工智能	人工智能芯片等底层硬件发展 通用智能计算平台搭建 智能感知处理、智能交互等基础研发中心建设 人工智能创新发展试验区建设
数据中心	机房楼、生产管理楼等数据中心基础配套设施建设 传输光纤、互联网交换中心、数据服务平台等支撑数据中心的网络及服务设施建设 IDC 业务部署与应用协同 车辆网、卫星大数据等垂直领域的大数据研发及产业化项目
北斗卫星导航系统	北斗卫星、北斗监测基站、地面监控站、主控站、注入站等建设 北斗卫星导航系统相关 RF 射频芯片、基带芯片及微处理器芯片组等部件开发

资料来源：笔者整理。

第一，以 F5G 和 5G 为核心的全光网 2.0 是数字基础设施的核心。通信网络是数字经济最核心的基础设施，是实现数据和信息传输、分析、决策的前提。将 F5G 明确纳入新型基础设施范畴，构建以 5G 和 F5G 为核心的全光网 2.0 是夯实中国网络基础设施、完善新型基础设施体系的重要内容。首先，作为与 5G 同代的前沿接入技术，F5G 与 5G 具有网络功能等同、应用场景互补的特征。以 10GPON 技术为核心的 F5G 网络不仅具有超高带宽（上下行速率最高 10 千兆比特/秒）、超低时延（100 微秒以下）、超高链接的特征，而且具有更高的网络安全性。由于 F5G 侧重于高稳定性的有线场景，5G 侧重于高灵活性的移动场景，二者在具体应用场景上存在很强的互补性，二者融合发展是必然趋势。其次，构建以 F5G 和 5G 为核心的全光网 2.0 是应对未来低时延、大流量业务需求，避免出现网络承载短板的重要战略。除了功能和应用短板外，网络基础设施的结构性短板还可能存在于 F5G 和 5G 的网络承载底座层面。未来，5G 和 F5G 网络将主要承载高清视频、VR、云计算、边缘计算、智能制造等低时延、大流量业务，大大提升了对承载网和核心网的数据传输与交换需求。为避免网络承载短板，应前瞻性地推动承载网、核心网向基于 ROADM 或 OXC 的全光网 2.0 演进。

第二，超大规模、绿色化、西部地区是数据中心基础设施建设的核心关切点。数据中心是支撑云计算、边缘计算、人工智能的重要基础设施，主要提供数据的存储和备份服务。为确保数据中心建设有效支撑未来中国数据应用业务发展，大规模、超大规模、绿色化、西部地区的数据中心应成为建设重点。首先，中国在大规模数据中心方面存在明显短板。2019 年，中国超大型、大型数据中心在数据中心总量中占比 12.7%；规划在建数据中心 320 个，超大型、大型数据中心数量占比达到 36.1%。这一数据与美国相比，仍有较大差距。目前，美国超大型数据中心已占到全球总量的 40%。其次，建设大规模、超大规模的数据中心可以有效缓解数字中心建设带来的资源和环境压力，实现数据中心的绿色化和集约化。数据中心属于高耗能产业，对供电、供水等能源保障有较高的要求。例如，数据中心园区能耗一般约 1300 千瓦/亩，是常规工业建筑能耗的 10～50 倍。为了实现规模化、节能化、智能化的高质量发展，数据中心市场将逐步整合，小型、高能耗的数据中心将被规模化的绿色节能云数据中心园区所替代。最后，具备气候、资源优势的西部地区是未来数据中心建设的重点。2018 年，中国大数据企业 73.9% 的业务布局在华北、华东和中南地区；其中，北京、上海、广州、深圳等一线城市数据中心资源最为集中，上架率达到 60%～70%。但是，数据中心能耗较大，一线城市及东部区域由于受限于水、电资源约束，碳排放等考核指标，数据中心的建设增长空间有限。西部地区具备土地、能源、气候优势，"十四五"时期推动西部地区的数据中心建设应该是新型基础设施建设的重点。

第三，北斗卫星导航系统应作为重要的新型数字基础设施纳入建设规划。北斗卫星导航系统是具有中国自主知识产权的基础设施，加快推进北斗卫星导航系统建设不仅可以充分保证中国产业安全，还可以积累自主知识产权基础设施的研发和建设经验。北斗卫星导航系统是中国着眼于国家安全和经济社会发展需要，自主建设、独立运行的卫星导航系统，是为全球用户提供全天候、全天时、高精度的定位、导航和授时服务的国家重要空间基础设施。不管是交通运输、海洋渔业、气象预报、救灾减灾等传统经济生产，还是5G、人工智能、工业互联网、物联网等新兴产业，都离不开北斗卫星导航系统提供的精确识别与定位。

（二）传统基础设施数字化升级的重点领域

交通运输、能源水利、市政、环保等传统基础设施的数字化智能化升级而形成的基础设施是新型基础设施的重要组成部分。数字化感知、智能化决策是传统基础设施数字化智能化升级的方向。传统基础设施的数字化智能化升级就是通过传感器、物联网等连接技术和手段对现有物理基础设施进行数字化，让物理基础设施变成数字经济的神经元，实现从物理世界向数字世界虚拟化转化；再通过大数据、元计算、人工智能等信息处理技术和手段，实现对传统基础设施的智能化管理和使用，从而形成数字化、智能化的新型基础设施，传统基础设施数字化升级的重点建设内容如表7-3所示。

表7-3 传统基础设施数字化升级的重点建设内容

重点建设领域	建设内容
智慧交通	道路、高速公路、停车场等物理设施的感知化和智能化升级 汽车电子标识建设 交通大数据平台建设 公交IC卡系统、公交GPS系统、手机信令数据等多源数据分析系统建设
智能电网	智能化变电站、发电、智能输电、智能配电网、智能用电和智能调度等
智慧市政	基于LoRa物联网技术与互联网信息技术的结合，通过建设包括路灯、井盖、停车、消防管网等市政公共设施信息管理系统，实现市政管理部门信息互通，打破信息孤岛；通过智慧市政平台建设，为市政管理提供科学的决策依据
重大疫情灾害防控和应急管理体系	远程医疗、在线诊断、机器人等灾害救助物理设施体系建设 以大数据、人工智能、云计算、区块链等为核心的智能化灾害应急管理平台建设

资料来源：笔者整理。

传统基础设施数字化升级形成的新型基础设施具有多重影响。首先，能源、市政等传统基础设施的数字化智能化升级可以显著提升传统基础设施的服务能力和服务效率。例如，数字化改造的智能电网可以接入风能、太阳能等大量的分布式能源，并整合利用电网的各种信息，进行深入分析和优化，使得整个电网生态系统实现更高质量的实时决策：用户可自行选择更有效的用电方式，电力公司可以更有效率地管理电力和均衡负载。其次，传统基础设施的数字化智能化升级可以有效带动新兴技术应用和新兴产业发展。物联网、人工智能、大数据、云计算等新兴技术是推动传统基础设施数字化智能化升级的核心力量；传统基础设施数字化智能化升级可以有效加速这些新兴技术面向本地应用市场和产业需求的迭代和更新，推动一国抢占新一轮产业革命的技术制高点。最后，传统基础设施的数字化智能化升级是倒逼数字基础设施发展的重要抓手。与传统基础设施相比，人工智能、工业互联网等数字基础设施公共物品属性相对较弱，市场力量应该是数字基础设施投资建设的主力。但是，数字基础设施也存在技术成熟度低、市场前景不明确的问题，很可能导致市场投资不足。通过推动传统基础设施的数字化智能化升级，可以拉动相关产业发展，从而带动相关企业投资人工智能、工业互联网、大数据等数字基础设施的积极性。

传统基础设施的数字化升级需要重点关注三个方面的工作：一是推广感知设施部署，充分挖掘感知设施部署场景、应用模式和管理模式，重点推进智能抄表、智慧建筑、市政物联、交通物流、广域物联、工业物联等应用场景的感知设施部署。二是做好感知连接，重点发展面向物联网应用的 4G、5G、光纤等连接设施，大力推进 NB-IoT、eMTC 等物联网技术商用部署和业务测试。三是加强标准规范衔接，传统基础设施领域建设要充分考虑配套感知和连接设施的部署要求，在标准规范中加以考虑，预留新型设施部署位置和空间。

需要指出，以智能化为核心的重大疫情灾害防控和应急管理体系应成为新型基础设施建设的重点之一。新冠肺炎疫情暴露出中国灾害应急防控机制还存在一定的缺陷，完善重大疫情防控体制机制、健全国家公共卫生应急管理体系是社会基础设施完善的重要内容。重大灾害防控基础设施以及应急管理体系的建设应以数字化和智能化为核心：首先，要建立应对灾害的数字化物理防控体系。在此次疫情中，以5G、远程医疗、在线诊断、机器人为代表的数字化、智能化设施在疫情防控中起到了重要的作用。一方面，消毒机器人等智能工具在一定程度上替代了人工，降低了感染风险；另一方面，远程医疗、在线诊断等也有效提升了防控效率。这充分说明，数字化、智能化技术在灾害应急防控体制中占据重要的地位。应以无人机、机器人等智能化机器替代人工，构建灾害防控的智能化物理防控体系。其次，加快推动大数据、人工智能、云计算、区块链等智能分析决策技术在灾害信息处理、防控方案制订、重点领域防控措施制定、防控知识宣传等方面的应用，打造应急管理体系的智慧大脑。

三、"十四五"时期新型基础设施建设的战略思路

在中央的统一协调和引导下，通过财政分权改革和放松行业进入管制不断激发地方政府和企业的投资活力，从而形成覆盖广泛、运营有效的基础设施，是过去40年驱动中国快速工业化和城市化、实现高速增长的重要经验。新型基础设施建设是党中央、国务院为有效应对新时期国内外复杂经济环境、审时度势提出的重大国家战略。新型基础设施的投资与建设，应从对接和有力支撑国家一系列重大战略需求出发，在尊重新型基础设施独特的技术经济范式要求的前提下，发挥政府的协调、引导和催化作用，充分激发市场的投资积极性，依靠改革创新保障投资效率，强化新型基础设施的产业孵化功能和公共服务保障作用。

（一）强化顶层设计，实现与国家重大战略的紧密衔接

新型基础设施的投资效率和最终效果，取决于新型基础设施投资和建设能否适应"十四五"及未来更长时期国内外技术经济范式深刻转变的要求，能否有效对接和支撑中国经济社会发展的重大战略需求。

首先，在中国经济增速换挡的背景下，新型基础设施投资要能够起到稳增长的作用。新型基础设施的提出，标志着中国基础设施建设

进入了新的阶段。在铁路、公路、机场、港口、电力等传统基础设施需求趋于饱和、债务风险加大（截至 2018 年底，政府收费公路投运主体的带息债务是其息税折旧前利润的 20 倍以上，作为公共设施管理业投资主体的基层城投公司该比率也高达 18 倍）的条件下，在要素成本快速上升，外贸、房地产、制造业投资等传统经济增长动能边际效应不断减弱的条件下，新型基础设施建设投资要能够通过乘数效应发挥经济增长新动能的作用。5G、F5G、工业互联网、智能电网等新型基础设施建设，不仅本身需要大规模的固定资产投资，而且能够通过催生新兴产业、提升下游行业的效率、激发新的消费爆点等途径，发挥基础设施的前向关联效应，强化经济增长动力。从这两个角度看，激发新型基础设施的全社会投资活力和尽可能放大新型基础设施的乘数效应，就应当成为新型基础设施部署的两个重要着力点。

其次，在以数字化、智能化、网络化为核心特征的新一轮科技革命和产业变革进入加速拓展的时期，适度超前部署新型基础设施建设，要着力于驱动中国由数字经济 1.0（互联网经济）向数字经济 2.0（物联网经济）的跃迁。新型基础设施的经济特征，不仅仅限于作为一种扩大总需求的方式支撑国民经济增长，更主要地，新型基础设施要能够作为激发和释放潜在经济动力和活力的关键投入，催生新兴产业，提升中国数字经济的全球竞争力，成为中国在新一轮科技革命和产业变革中崛起的重要支撑。在全球数字经济竞争中，美国和中国的共同优势是具有巨大的国内统一市场，美国的独特竞争力是在底层技术具有领先优势，而中国的独特优势则是超前建设的数字基础设施。国际比较显示，中国的通信网络服务具有明显的成本和价格优势。只要体制和政策能够有效引导下游垂直应用的发展和传统产业的数字化改造，就能够将中国的通信网络基础优势转化为数字经济优势。因此，中国的新型基础设施建设应当贯彻"基础设施先行"战略，通过新型基础设施的领先建设，加快培育下游垂直行业特别是物联网产业的发展，催化中国由网络大国向网络强国的升级。

最后，新型基础设施的高质量发展和包容性建设，最终要能够提升人民群众的幸福感和获得感。一是新型基础设施建设要着力促进数字消费爆品涌现，助力信息消费增长，增加社会福利。全光网和人工智能等新兴信息技术和使能技术的融合，将促进高清视频、虚拟现实、可穿戴设备等新型信息产品以及互联网教育、远程医疗等新兴服务的发展，促进基于 VR 和 AR 等新技术的传输便捷、覆盖广泛的文化传播体系的发展，在不断创造新产品、新业态、新体验的过程中推动消费升级，提高居民的幸福感和获得感。二是新型基础设施建设要着力提升公共服务保障能力。大数据、人工智能等新型基础设施的发展使政府决策方式由"经验决定"向"数据量化驱动"转变，大大提高了政府的公共服务能力，新型基础设施建设有利于支撑各级政府充分运用大数据、虚拟现实等新型技术手段，为人民群众提供主动服务、差异化服务和高质量服务。三是新型基础设施部署要注意消除城乡数字鸿沟，即通过全面推进信息进村入户，构建为农综合信息服务体系，依托"互联网+"推动公共服务向农村延伸、利用数字经济手段实现乡村振兴等政策，完善自然资源遥感监测、农田动态监测等数字农业基础设施，大力发展面向农村的电子商务、远程医疗和远程教育培训等，能够有效提升新型基础设施对农村、农民、农业以及各类社会弱势群体的可获得性。

（二）贯彻网络泛在，强化各类新型基础设施统筹部署

不同于传统的"管道式"的基础设施，新型基础设施共同构成一

个"多层"的产业生态。新型基础设施之间在技术上和经济上的高度关联性决定了"十四五"时期中国的新型基础设施战略必须牢固树立"新型基础设施体系"的观念。着力加强各类、各层新型基础设施的统一部署将是决定未来中国新型基础设施投资效率的关键：

一是通过各类新型基础设施之间的统筹部署和协调推进，构建和强化中国独特的技术路线优势。新型基础设施所涉及的技术和产业总体上处于探索期，主导技术路线尚未形成，这为中国通过新型基础设施的统筹部署，形成独特的技术能力和技术路线提供了机会。例如，当前中国企业的工业互联网常常采用"现场—控制—操作"的多层架构，但其中现场层和控制层的核心装备与技术多由西门子等外企掌控。建议在新型基础设施的部署中，通过合理规划和顶层设计，推动更多企业建设和推广全光网底座与工业互联网架构融合的扁平架构，将中国当前在5G和F5G网络领域的领先优势嫁接到工业互联网之上，从根本上打破目前由德国西门子、博世等企业主导的基于数字物理系统的智能制造技术路线，改变中国工业互联网体系中的现场层和控制层装备/技术的对外依赖态势。

二是加强各类基础设施所涉及的底层技术标准的统一部署。能源、交通等传统基础设施行业总体呈现基于"管道型"的商业模式，各个行业在技术和经济上都具有较高的独立性。而在5G、人工智能、工业互联网、车联网等新型基础设施产业中，商业模式平台化、产业组织生态化的特征突出，各个行业之间的技术经济具有高度的协同性；特定产业的技术成熟度不足，会制约其他产业的技术可应用性。这意味着，要形成新型基础设施的有利生态，不仅各个产业内部要形成统一的技术标准，而且产业之间要形成统一的技术接口。因此，新型基础设施建设应特别重视加强各层次新型基础设施以及下游垂直应用行业面向连接的融合建设。政府部门应在规划建设初期就建立起紧密的工作衔接机制，有效解决部门协调问题，根据"网络泛在"的原则，围绕通信网络基础设施，融合部署交通、能源、城市等各类设施的建设规划与细则，促进各类新型基础设施建设与通信网络基础设施建设的协同推进，前瞻性地统一各类基础设施的网络标准和技术接口，切实建立起中国新型基础设施的生态优势。

（三）聚焦平台技术，着力培育一批产业创新平台企业

平台企业是数字经济的主要产业组织形态。"十四五"时期，中国新型基础设施的投资建设质量和效果，很大程度上体现为这些承载数字基础设施功能的平台企业的数量和竞争力，如图 7-1 所示，中国的平台数量与美国相比仍有较大差距。相对于电子商务、社交媒体等交易型平台，创新型平台更是数字经济生态中推动底层技术创新和瓶颈性技术突破的主体。然而，目前具有优势的中国平台企业多为交易型平台，如被称为"中国互联网三巨头"的 BAT（Cennamo，2019；Cusumano 等，2019）；而中国在人工智能、工业互联网等领域都缺乏具有全球竞争优势的创新平台企业，这也是造成中国数字经济产业链安全问题的原因所在。

如果说 4G 促进了 BAT 等中国交易型平台企业的大发展，那么 5G 的成熟以及人工智能、大数据等新兴技术的蓬勃发展，有希望在物联网领域催生一批创新型平台企业。由于创新型平台面临的技术不确定性更大，技术复杂度更高，创新生态更加复杂，因而创新型平台往往较交易型平台更难以成功。这就要求政府在平台技术突破和创新型平台企业发展方面发挥更加积极的支持和引导作用。为了推动中国在数字经济特别是底层信息技术领域的创新型平台实现跨越发展，为中国

信息安全、产业链安全和网络强国建设提供更加有力的保障，新型基础设施建设应当将在智能制造解决方案、操作系统、通用芯片等领域培育一批数字经济的创新型平台企业作为重要的战略目标。

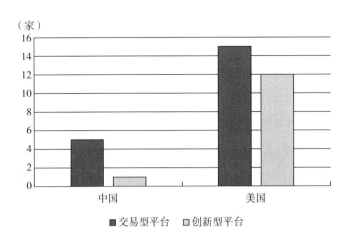

图 7-1　不同类型的中美数字产业平台数量对比

资料来源：Cusumano 等（2019）。

（四）消除体制障碍，充分发挥政府的协调和激励作用

与传统基础设施相比，新型基础设施有其独特的经济学特征，这些特性决定了政府和公共政策在新型基础设施建设中的首要功能不是直接投资，而是协调和杠杆作用：

首先，全新的、正在演化过程中的主导技术和商业模式意味着，新型基础设施投资具有较大的不确定性，新型基础设施的投资进度和建设思路需有别于传统基础设施。此前，在中国交通、能源、信息等传统基础设施建设的高峰期，此类基础设施的全球主导技术路线已经确立，主要的架构技术和核心零部件技术已经基本成熟，相关产业的

商业模式总体上也比较简单清晰。在这种情况下，无论投资主体是国务院、地方政府、国有企业还是民营企业，最主要的投资决策就是成本收益分析；只要项目评估符合经济性条件，快速的、大规模的基础设施投资在国民经济层面看就是有效率的。然而，以新一代信息技术和数字技术为基础的新型基础设施不同，人工智能、工业互联网等新型基础设施的主导技术架构、主导企业和主导商业模式尚未稳定，产业组织仍处于高度动态阶段（流动性阶段），承载底层技术的核心零部件的专用性强、通用性差，整体发展仍然面临极大的技术不确定性和市场不确定性。如果通过财政政策或产业政策人为加快相关产业的投资和产业化，必然导致严重的财政金融风险。在这种情况下，基础设施投资政策的重点不应是激励地方政府、企业等进行大规模投资，而是要根据技术成熟度的发展把握好投资节奏，并将政策集中于鼓励地方政府和企业开展多样性的技术路线和商业模式探索，在多样化的竞争中不断催熟主导技术、主导商业模式和优势企业，并在条件成熟时加大投资激励强度，促进微观投资主体加快投资节奏。

其次，新型基础设施对数字经济的前向关联效应和数字经济对新型基础设施的后向关联效应相互影响。过去 40 年，中国基础设施大规模投资有效的一个必要条件是，企业家和政府官员对于快速工业化创造的投资需求、对外开放创造的对外出口需求、人民群众收入水平快速增长创造的消费需求的高速稳定增长形成了稳定、强烈的预期。相比之下，数字经济虽然具有潜在的巨大市场空间，但在"十四五"中短期内很多新兴行业的盈利前景并不清晰。在这种情况下，政府在新型基础设施投资中的主要角色，应该是消除社会资本进入相关产业领域的体制性障碍，而不是扮演投资主体本身。政府应避免动用财政资金进行大规模投资而导致社会资本投资被挤出，而应通过税收优惠等政策的杠杆作用，激发企业的投资积极性,引导企业投资方向。这应当成为未来中国新型基础设施投资和发展政策的一项重要内容。

最后,由于新型基础投资涉及复杂的技术突破、商业模式构建和产业间互动,因此新型基础设施的投资主体必然面临高度的技术和商业不确定性。国务院应着力消除制约新型基础设施投资发展的体制性障碍,通过形成清晰的法律和管制框架,降低微观投资主体的制度性交易成本以及经济和市场风险,打开市场空间,充分释放微观主体的投资活力和积极性。例如,中国三大通信运营商具有渠道优势、资金优势、技术优势和人才优势,占据了推动新一代信息技术和下游商业应用协同发展的有利位置。同时,由于长期大规模投资和传统数据业务盈利空间收缩,三大运营商又具有很强的开拓新的业务和盈利空间的动机。然而,受到监管和管理体制的限制,三大运营商实际上缺乏业务创新和拓展的强激励。目前,中国三大运营商进入垂直领域、统合上下游资源的能力已经远远落后于韩国 SK 等运营商。考虑到 F5G 和 5G 投资对中国网络强国建设、国计民生的重大意义,建议国务院国有资产监督管理委员会在对三大运营商的考核评估指标体系中,将 F5G 和 5G 投资单独列支。同时鼓励运营商通过在二级公司层面的混合所有制改革和员工持股,激发运营商的业务创新活力。

(五)坚持分类施策,创新新型基础设施建设发展模式

鉴于不同层次、不同类型的新型基础设施在公共性水平、最小有效投资规模、潜在投资主体上存在较大差异,中国新型基础设施建设应针对不同设施,分别采取"行政指令主导""规划体系引导""制度突破先导"的分类建设和管理模式:

首先,对最低有效投资规模较大、公共性较强的核心连接基础设

施，建议采取行政指令主导的组织管理模式，以财政税收政策引导加国有企业集中投入，加快提高核心连接基础设施普遍服务的效率。这类基础设施的建设投资主体是三大移动通信运营商，而当前运营商普遍面临着投资动力不足的问题，造成快速增长的先进连接需求和相对缓慢的连接网络建设之间的矛盾。尽管政府并非此类基础设施的直接投资主体，但综合考虑提速降费目标和网络强国需要，仍应直接主导国有运营商向核心连接基础设施建设领域倾斜资源。

其次，对规模化投资门槛较低、专用性程度不同的能力平台基础设施，建议采取规划体系引导的组织管理模式。通过系统规划，消除不同领域新型基础设施建设的体制障碍，激发多元投资活力，建立自主产业优势。研究制定"中国新型基础设施战略规划1+X"规划体系，在《中国新型基础设施建设中长期规划（2020-2035）》的宏观部署下，统筹规划和引导不同层次新型基础设施的垂直整合，强化对能力层基础设施所涉及的底层技术、架构技术、核心零部件和基础软件技术的突破，以及自主知识产权和技术标准的培育。

再次，对公共性极强、主要体现为核心连接设施和能力层设施应用的传统基础设施的数字化升级，建议采取制度突破先导组织管理模式，以中央政府在试点示范、数据流动等方面的制度创新为先导，探索建立企业为主、地方政府为辅的共同投资建设机制。国务院的主要功能是加快试点示范，在条件成熟时推进先进模式的复制和推广。此外，由于传统基础设施的数字化升级涉及跨部门的数据流动和整合问题，国务院的一个重要作用是解决跨部门、跨行政区的数据孤岛问题。

最后，根据新型基础设施的公共性和外部性特征，分类确定投资主体以及国务院在促进和引导各类新型基础设施投资方面的核心功能。考虑到新型基础设施显著的技术不确定性和市场风险，除具有显著外部性的基础设施（如全光网）和已经形成以中央企业为竞争主体的产业领域（如智能电网）由中央企业为投资主体外，绝大多数的领域尽量引导非国有企业和地方国有企业进入并作为投资主体，国务院主要发挥协调、引导和激励作用。具体各类新型基础设施的投资主体和公共政策功能如表7-4所示。

表7-4 各类新型基础设施的投资主体和公共政策功能

新型基础设施类型	具体领域	投资主体	国务院和公共政策的主要功能
数字经济的基础设施	以5G和F5G为核心的全光网2.0	中央企业为主，地方政府为辅	调整运营商绩效考核体制、强化运营商投资激励 加强工信、住建等部门的统筹协调 对运营商提供必要的电力支出补贴
	物联网（包括工业互联网、车联网）	各类企业	加大对行业性智能制造方案供应商的支持力度 推动中国工业互联网技术架构落地 加强全光网2.0和工业互联网的统筹建设 加快推动车联网试点和技术标准体系的完善
	人工智能	各类企业	加强人工智能在政务、军工、公共服务等领域的先期应用，培育人工智能的领先用户 加强对平台技术和瓶颈性技术的税收支持
	数据中心（包括数据存储和计算）	各类企业、政府	由事业性科研院所承担的数据计算中心，以政府投资为主；企业建设的数据计算和存储中心，由企业投资 加强对核心技术的税收支持
	北斗卫星导航系统	国务院和相关企业	促进北斗技术与下游用户的联动，加快北斗卫星导航系统的商业化应用
传统基础设施数字化升级	智慧交通	企业和地方政府	加强应用示范和成熟技术、模式的推广
	智能电网	中央企业	加强对核心技术的资金支持
	智慧市政（包括智慧水电气）	地方国企和地方政府	加强应用示范和成熟技术、模式的推广
	重大疫情灾害防控和应急管理体系	国务院、地方政府、企业	消除信息孤岛，整合调动多点资源，加强重大灾害疫情监测、指挥、管理、调度、救援、物资储备体系的数字化、信息化改造和建设

资料来源：笔者整理。

（六）坚持需求牵引，形成由点到面、渐次发展的格局

一是在技术相对成熟、存在真实需求、预期商业化速度较快的领域进行先期投资，尽快将新型基础设施转化为社会经济发展的内生动力，形成新型基础设施建设的示范效应。在财政压力和地方政府债务压力加大的环境下，基础设施投资应首先投向乘数效应最高的新型基础设施，如通信网络、数据中心等。以通信网络为例，除尽快将中国的 5G 技术优势切实转化为产业竞争优势外，基于 F5G 的千兆固网在短期内也具有广泛的市场需求和显著的产业带动效应。基于 F5G 的千兆固网设施整体投资少、技术可靠，是以较低投入快速形成新型网络基础设施，从而带动人工智能、互联网医疗、智能能源等下游应用市场，催生新经济增长点的有效突破口。"十四五"初期的新型基础设施建设，应特别注重通过高清电视、云 VR、智能电网等近期具有现实需求的基础设施和应用场景的投资，带动其他新型基础设施和应用场景的成熟和发展，形成多种新型基础设施和融合应用协同推进的局面。

二是鼓励具备条件的城市率先建设"双千兆城市"和集成了各层次新型基础设施的智慧城市，在先行先试的基础上不断推广新型基础设施的建设经验，逐步扩大信息基础设施的网络经济效应。首先，加快在直辖市、副省级城市、省会城市推广建设"双千兆城市"，加快推进国家级经济技术开发区、国家级高新技术产业开发区、国家级旅游度假区、国家级保税区、国家自由贸易区等国家级园区打造成"全光网园区"，大幅提升发展水平较高地区和国家级园区的网络基础设施水平。及时总结上海、天津等"双千兆"城市建设的经验，并在此基础上加快推进这些城市从全光网 1.0 时代（全光纤网）向全光网 2.0 时代（全光自动调度）升级，特别是通过整合上下游产业链加速推动

OXC（光交叉连接）的创新和商业落地。其次，支持直辖市、副省级城市、省会城市以及具备条件的其他城市，率先建设集成各类新型基础设施和应用场景的智慧城市。依托智慧城市建设，加快全光网与物联网泛在基础设施、应用服务平台、数据共享服务平台建设，围绕智能传感器、低功耗广域网等关键核心技术开展协同创新，推动核心连接基础设施更好地支撑智慧城市发展与社会民生进步。

参考文献

［1］郭凯明、潘珊、颜色：《新型基础设施投资与产业结构转型升级》，《中国工业经济》2020年第3期。

［2］胡李鹏、樊纲、徐建国：《中国基础设施存量的再测算》，《经济研究》2016年第8期。

［3］金戈：《中国基础设施与非基础设施资本存量及其产出弹性估算》，《经济研究》2016年第5期。

［4］马淑琴、谢杰：《网络基础设施与制造业出口产品技术含量——跨国数据的动态面板系统GMM检验》，《中国工业经济》2013年第2期。

［5］欧阳艳艳、张光南：《基础设施供给与效率对"中国制造"的影响研究》，《管理世界》2016年第8期。

［6］王贤彬、张莉、徐现祥：《地方政府土地出让、基础设施投资与地方经济增长》，《中国工业经济》2014年第7期。

［7］张勋、万广华：《中国的农村基础设施促进了包容性增长吗?》，《经济研究》2016年第10期。

［8］郑世林、周黎安、何维达：《电信基础设施与中国经济增

长》,《经济研究》2014 年第 5 期。

［9］Cennamo C. , 2019, "Competing in Digital Markets: A Platform-Based Perspective", *Academy of Management Perspectives*, Vol. 35, pp. 325-346.

［10］Cusumano M. A. , Gawer A. , Yoffie D. B. , 2019, "The Business of Platforms: Strategy in the Age of Digital Competition, Innovation, and Power", New York: Harper Business.

第八章 发达国家新型数字基础设施建设的思路与启示

一、美国新型数字基础设施的建设思路与主要措施

美国将新型数字基础设施建设视为对华竞争的最重要领域之一。研究表明，美国在以大数据中心和人工智能为代表的储存计算层依然强势，在以智慧城市为代表的融合应用层具备较大发展潜力，而在以5G为代表的网络通信层的先发优势正逐步被中国赶超（陈小鼎和李珊，2021）。为保持长期领先优势，近年来美国数字基础设施建设思路在转换投资促进模式和加大政府拨款力度、强化核心领域基础研究和技术研发优势、重塑移动通信技术路线和全球生态、强化数字技术设施技术安全与供应链安全管理、加大对发展中国家数字基础设施建设援助力度等方面表现出以下突出特点：

第一，保持市场化投资主导数字基础设施建设投资的传统，同时

加大联邦政府对"市场失灵"领域内通信网络基础设施的直接拨款力度，改变美国在数字基础设施建设上被中国赶超的态势，帮助美国"赢得对中国的竞争"。一方面，美国的社会经济制度决定了除了科技基础设施和部分具有普遍服务功能的基础设施，联邦政府和地方政府在数字基础设施建设中的主要作用不是资金提供者，而是推动者和协调者，通过消除系统性制度障碍、塑造投资生态和创新生态，协调新型基础设施和新产业的互动发展，激发市场投资活力。例如，2017年12月14日，美国联邦通信委员会废除奥巴马时期的网络中立政策，重新赋予电信运营商对宽带互联网接入业务的掌控权，不再监管原网络中立"三禁令"（禁止封堵、禁止流量调控、禁止付费优先）所强制规范的宽带接入。放松电信管制的政策旨在扩大盈利空间，刺激美国运营商和互联网企业的投资动力，促进美国信息产业和通信产业融合发展，鼓励业态创新，激发美国5G产业创新的活力。

另一方面，由于企业投资存在固有的市场失灵问题，因此美国通信运营商缺乏在建设维护成本高、成本回收周期长的地域（如广大乡村地区）建设、升级通信网络的动力，使得近年来美国在通信网络普遍服务范围和性能上被中国快速赶超。2018年2月，特朗普政府出台了《美国重建基础设施立法纲要》，计划以国会的2000万美元财政拨款，撬动2万亿美元地方政府和私人投资进入基础设施建设领域（其中"基础设施创新转型专项"部署了数字基础设施建设相关内容），旨在通过公私合营形成全新的投资收益模式，划分权责、风险共担，推进基础设施升级。为弥补高度市场化投资条件下的市场失灵问题，拜登政府上台后，加大了对通信网络设施建设的联邦政府财政支持力度。2020年2月，美国联邦通信委员会宣布，为缩小数字鸿沟，政府将实施总额为204亿美元的"农村数字机会基金"财政援助计划，引导通信运营商的宽带网络覆盖农村。2021 年 11 月 15 日，美国《基础设施投资和就业法案》正式生效，联邦政府将为宽带设施铺设提供总计 650 亿美元的拨款。

第二，在美国强势占优的信息服务基础设施和科技创新支撑类基础设施领域内加大建设投资，同时强化并放大美国在数字核心技术领域的研发优势，从技术应用和知识供给两方面入手，夯实美国对华竞争的优势基础。首先，美国在大数据中心等信息服务基础设施和人工智能等科技创新支撑类基础设施领域内依然具有突出优势。以大数据中心为例，近年来，美国各州政府竞相提供财政鼓励措施（如对大数据中心设备减免销售税和物业税），吸引大数据中心运营商投资，推动美国在这一领域的项目新建工作进展迅速。从数据中心总量来看，2015 年到 2020 年，由全球超大规模运营商主导的大数据中心增长了 1 倍多，总数增至 597 个，其中美国始终占有 40% 的主要云和互联网数据中心站点。从数据中心规模来看，2021 年上半年，北弗吉尼亚、硅谷、芝加哥和亚特兰大的在建项目都在 200 兆瓦以上。根据戴德梁行统计（Cushman & Wakefield，2022），2022 年全球前 11 大数据中心中有 8 个位于美国，分别是北弗吉尼亚、硅谷、亚特兰大、芝加哥、凤凰城、达拉斯、波特兰、西雅图。

其次，持续推进相关基础研究和技术开发也是美国加强数字基础设施建设的重要内容。2018 年特朗普政府出台的《美国重建基础设施立法纲要》，就提出加大对关键基础设施领域的研发投入，其中就包括高速互联网技术等数字基础设施相关技术。拜登政府上台后，于 2021 年 3 月公布了"美国就业计划"（American Jobs Plan），呼吁国会向技术研发领域投资 1800 亿美元。其中，500 亿美元投向国家科学基金会，用于设立专门的研发部门，提升美国在关键技术领域（包括人工智能、半导体、先进计算、通信技术等数字基础设施相关技术）的领导地位；400 亿美元用于升级国内实验室（包括计算能力、高速网络等）的研究基础设施。2021 年 5 月，美国参议院商务、科学和交通委员会通过《无尽前沿法案》，批准在国家科学基金会下设新机构技术和创新理事会，且五年内对该理事会投资不少于 1100 亿美元，集中强化十个核心技术领域的基础研究，其中有五个领域与新型数字基础设施直接相关（见表 8-1）。该法案同时强调了沿用出口管制和技术遏制政策，严防关键技术外流，规定联邦资助形成的知识产权成果一概不得对国外转让，确保美国在相关技术领域的核心地位。

表 8-1　《无尽前沿法案》提出的十大核心技术领域

数字基础设施直接相关领域	人工智能、机器学习、前沿计算机软件开发
	高性能计算、半导体和前沿计算机硬件
	量子计算和信息系统
	先进通信技术
	网络安全、数据存储和数据管理技术
其他领域	机器自动化与先进制造
	自然灾害和人为灾害防御
	生物医疗技术、基因组学和合成生物学
	前沿能源、电池和工业效能
	前沿材料科学、工程学

　　第三，推进移动通信技术路线调整，增强开源 5G 技术路线的影响力，尝试重构全球通信业生态，从而使美国具有优势的底层架构、通用芯片、基础软件等领域成为新生态下通信产业链的制高点。2018 年以来，美国将推广开源 5G 路线作为分化当前全球 5G 生态参与方、重塑其通信业全球优势、长期布局 6G 时代通信生态主导权的战略手段。

在开源 5G 路线下，通用硬件将替代专用硬件，原本已经被中兴、华为挤出市场的美国硬件企业可以通过"化整为零"的方式重返通信市场，美国优势 IT 技术和企业将成为新生态下通信产业链的制高点。为此，美国政府积极支持 2018 年 10 月成立的、以 5G 开源化为目标的 O-RAN（Open Ran，开放的无线接入网）联盟，产业干预的态度日益激进。2019 年 10 月，美国防部官员公开指出，国防部资助 5G 研发的重点是促进 5G 技术向下一代技术和架构转换；12 月，该官员又代表国防部敦促美国企业尽快转向开源 5G 架构。2020 年 1 月，美国防部启动"开源可编程安全 5G"项目（Open Programmable Secure 5G），规划通过"三步走"计划，颠覆当前通信网络的"非美国"架构，构建软硬件"全美国"的开源架构。这意味着，开源 5G 技术路线自此从商业资本运作正式上升到美国政府的政策意志。同年，美国出台《5G 及未来安全保障法》和《确保 5G 安全国家战略》，推动下一代移动通信技术路线向开源方向转换，并成为美国重夺全球通信产业领导地位的国家战略。

同时，美国还抓住欧洲国家对中国通信设备技术安全的疑虑，利用疫情冲击放大采购中国 5G 设备可能带来的所谓"单一"供应商风险，积极推广政治化安全原则，将 O-RAN 技术路线和通信网络安全、供应链安全深度绑定，以此影响欧洲国家通信基础设施建设的技术路线决策。2020 年 9 月，在第二次布拉格 5G 安全会议上，美国全程推销清除中国 5G 企业和其他数字经济参与方的《清洁网络计划》，到 2020 年底已有 20 多个欧盟国家加入该计划。2021 年拜登政府上台后，美国政府重返多边主义，抓住欧洲对新兴技术数据安全问题、半导体产业复兴的关切，进一步加大了对欧洲在通信技术路线方面站队美国的影响力度。2021 年 9 月，美国—欧盟贸易和技术委员会召开首次会议，明确下设技术标准工作组、信息通信技术安全和竞争力工作组。前一工作组将致力于关键新兴技术领域的技术提案交流和国际标准合作，通信网络就是该工作组重点关注的关键新兴技术之一；后一工作组则将致力于5G、6G及相关数字设施的研发合作，并为下一代通信技术制定共同愿景和路线图。

第四，高度注重强化数字基础设施的信息安全管理，在战略重点、调查评估、组织体系、协同机制、机构设置等方面做出了大量调整，从以独立部门监管特定供应链突发风险为主的分散体系向跨部门协同管理产业基础整体安全的综合体系转型。在中美5G竞争日益升级的情况下，2019年美国国土安全部网络安全和基础设施安全局（The Cybersecurity and Infrastructure Security Agency，CISA）已经明确，美国国家基础设施安全保障的重点从针对恐怖主义的安全保障转向了针对中国的安全保障。在遏制中国的新战略焦点下，美国政府决定改变各部门分散应对不同产业的基础安全事项的传统体系，推动形成"政府一体化"体系，通过设立和强化相关跨部门机构（如外资投资委员会、供应链工作组）以及建立经常性跨部门协调机制（如新兴和基础技术预见机制）等全政府范围措施，将产业链安全问题系统纳入各部门政策，确保所有部门的整体视野和全面协同。例如，美国国土安全部于2018年10月在供应链风险管理计划下率先成立了专门的ICT供应链风险管理工作组，采用公私合作模式，旨在集中政产学力量，评估和管理来自中国的ICT安全威胁。此外，2021年3月，拜登政府还发布了《临时国家安全战略指南》（The White House，2021），将数字基础设施建设纳入国家安全范畴，联合盟友国家，形成共同规范，确保在共同价值观下进行广泛合作。

第五，以基础设施建设投资和多边合作为抓手，扩大对发展中国家数字基础设施建设的影响力，一方面从数字基础设施底层塑造发展中国家数字经济发展的技术路线；另一方面打压遏制中国信息基础设施标准和设备在第三世界国家部署和推广，从而争取发展中国家共同构建"去中国化"的数字经济生态联盟。2018 年以来，美国联邦政府陆续启动了"数字连接与网络安全伙伴计划""基础设施交易与援助网络"等跨部门数字基础设施建设对外援助计划。美国国际开发总署以及政府下属的美国国际开发金融公司、国会下属的千年挑战公司也都在加大对发展中国家的数字基础设施建设援助力度。在此基础上，2021 年 3 月，美国重要智库"战略与国际问题研究中心"（CSIS）连续发布报告，建议加大对发展中国家数字经济基础设施建设的经济与技术援助力度，并与发达国家盟友共建新技术加速器基金，通过投资本地化生产等方式，促进发展中国家融入美国主导技术路线下（如Wi-Fi、O-RAN）的全球供应链，引导其彻底倒向美国主导的"去中国化"全球数字经济阵营。

从此后美国有关数字基础设施建设的投资动向来看，美国政府显然采纳了 CSIS 有关"通过基建投资援助吸引发展中国家、互利开发通信与数字经济新兴市场"的战略思路。2021 年 4 月，美国两党共同提出《2021 年战略竞争法案》，提出要加快推动美国、日本、澳大利亚三国针对中国"一带一路"倡议的"蓝点网络"计划（Blue Dot Network），通过对外援助、贷款融资等在发展中国家建设数字基础设施，并导入基于美国的所谓透明、可持续的数字基础设施标准。2021 年 6 月的七国集团峰会上，美国宣布了名为"重建更美好世界"的全球基建计划，提出帮助中低收入国家建设基础设施，打造以"民主国家"为主体、由价值观驱动的"高标准高透明"伙伴关系，用以对抗"一带一路"倡议；其余国家同意采取共同战略，并设立"全球基础设施与投资伙伴关系"计划（The White House，2021），支持发展中国家加快缩小基础设施投资差距。美国—欧盟贸易和技术委员会在 2021 年 9 月首次会议后发布的共同宣言中也提出，委员会下设的信息通信技术安全和竞争力工作组将为第三方发展中国家建设安全（意指排除中国设备和技术）、有韧性（意指供应链不依赖中国）的数字基础设施提供资金支持。当年 11 月 15 日拜登签署的《基础设施投资和就业法案》、12 月 1 日欧盟公布的"全球门户"计划则明确了投资金额和规范。2022 年 6 月，拜登宣布，到 2027 年，美国将与七国集团合作伙伴共同筹集 6000 亿美元用于投资全球基础设施建设，其中就包括开发、扩展和使用安全的信息和通信网络和基础设施；而这类数字基础设施建设所谓的"安全"标准的核心，则是美国尽力推广的"开放、可互操作"通信网络技术路线。

二、日本新型数字基础设施的建设思路与主要措施

日本将应对社会发展挑战作为基础设施建设的主要目标，数字基础设施建设服务于"社会 5.0"的国家创新总体战略。日本《第五期科学技术基本计划（2016—2020）》首次提出了"社会 5.0"的战略思路，指出在作为工业社会的"社会 3.0"和作为信息社会的"社会 4.0"之后，作为智能化社会的"社会 5.0"将是日本社会发展的整体方向，其目标是以无处不在的人工智能为各类社会民生问题提供良好的解决方案，支持形成一个繁荣的、可持续发展的、包容性的社会。在此基础上，《第六期科学技术基本计划（2021—2025）》进一步对

"社会5.0"的发展远景做出具体描述，将其阐释为"确保国民安全与安心的可持续发展的强韧社会"和"实现人人多元幸福的社会"。相较前五期计划，日本制定第六期科技基本计划时的国内外背景更为复杂：一方面，老龄化和社会保障等问题愈加严重；另一方面，新冠肺炎疫情凸显了日本数字化进程迟缓的问题。为此，实现数字化社会变革成为日本实现"社会5.0"目标的三大支柱之一。从"社会5.0"战略出发，日本未来数字基础设施建设的总体目标是支持泛在的人工智能部署，并明确了支撑人工智能发展的三个重点方向，即物联网、机器人和超高速网络（5G和固定网络）。在支持部署泛在人工智能的建设思路下，自《第五期科学技术基本计划（2016—2020）》发布以来，日本在新型数字基础设施建设方面的相关重要部署如下：

第一，更高标准、更快速度推进通信网络和数据中心等作为人工智能底座的基础设施硬件建设。2019年7月，日本发放5G牌照后，要求获得5G建设计划许可的电信运营商必须在2020年之前在各区域开始运营5G基站。2022年3月29日，日本总务省发表了《数字田园都市国家基础设施整备计划》概要，对光纤网络建设、5G基站建设、数据中心和海底电缆等建设、后5G时代的移动通信网络技术研发提出了较高目标。例如，该计划提出在2027年底光纤入户覆盖率达到99.9%，2023年末5G基站密度达到22.4站/万人，并上调了此前的5G人口覆盖率目标（从2023年底前达到90%提高到95%），这已经达到或超过了目前全球领先的中国规划。目前来看，光纤网络、数据中心和海底电缆的建设目标较易实现，而5G基站建设以及后5G时代的移动通信网络技术研发目标则具有较大的挑战性（见表8-2）。

表 8-2   《数字田园都市国家基础设施整备计划》的通信网络建设目标

建设目标	实施基础
2027 年底光纤入户覆盖率达到 99.9%	2019 年，日本光纤入户覆盖率已达到 98.8%，仅有离岛与山区的 66 万户未实现光纤入户；到 2027 年底将光纤入户覆盖率提高到 99.9%（未覆盖户数减少到 5 万户）的难度不大
2023 年底 5G 基站密度达到 22.4 站/万人	2021 年底，日本的 5G 基站密度仅为 4.2 站/万人；要在两年内将 5G 基站密度提高到 22.4 站/万人，需要相应的法律重修、税制改革、政府补贴等措施，挑战较大
未来 5 年建设十余个大型数据中心	日本政府计划为实现此目标投入超过 1000 亿日元的财政拨款，完成建设目标的难度不大
从 2025 年起逐步实现三项技术（通信设备超高速化和省电化、陆海空无缝通信扩张技术、高信赖的安全的虚拟网络技术）的开发和标准化，取得 10% 以上的标准必要专利	日本取得的 5G 标准必要专利占全球 5G 标准必要专利的 8.84%，仅为中国（32.97%）的 1/4。为了在 6G 阶段补上技术开发短板，日本政府正在制定针对特定技术领域的研发战略。考虑到移动通信技术演进的连续性，标准必要专利比重的大幅提升挑战较大

　　第二，高度重视人工智能基础设施的包容性和受信度，推动人工智能技术与日本产业优势特点的契合，为日本的人工智能建立起"高可信度"的全球形象。一方面，大量高技能员工嵌入生产设备的精益生产方式是日本工业体系的优势所在。日本工业在智能化时代的发展目标，是通过人工智能基础设施的辅助，进一步提升高技能员工的生产率，或将高技能员工从简单、重复的劳动中解放出来，配置到附加值更高的环节，实现日本具有显著优势的员工高技能和人工智能的融合发展，而不是简单地推动产业基础设施的"全智能"和"无人化"。日本非常强调人工智能的包容性（而不是先进性），即人工智能基础设施应尽可能契合多数人群的需要和能力特征。唯有如此，日本实体工业才能延续并发挥既有的、围绕人员技能和团队技能的生产组织方式优势。另一方面，考虑到可信度和安全性将成为人工智能获得全球市场的重要影响因素，日本政府强调应发展高受信的人工智能基础设施，并明确了路线与措施：2019 年整理人工智能受信的基本技术问

题，并开始按行业制定人工智能安全指南；2020 年开始构建与美国、欧洲的安全技术合作体系，特别是可互认的信任数据联结平台；2021 年准备包括数据质量、人工智能质量等相关国际标准的提案，争取在与美、欧的多边合作框架下推广有利于日本的、全生命周期的人工智能国际标准。

第三，明确公共研发机构分工，培养多层次的适用性人工智能人才，借助国际合作打造人工智能下一代基础架构，从而扭转日本当前的创新劣势。与中美相比，当前日本在人工智能领域的研究论文、业务开发、人力资源、数据链接、风投支持等方面都相对落后。为了加快创新追赶速度，日本明确了国内顶尖人工智能研发机构的研发分工，聚焦于有限的重点领域。其中，日本机器学习人工智能研究中心（RIKEN AIP）聚焦于人工智能理论研究以及基础研究，情报通信研究机构（NICT）聚焦于基于大数据的自然语言处理，日本国立研究机构产业技术综合研究所（AIST）聚焦于多语言翻译和语音处理技术。为了加强人才供给，日本政府在《人工智能战略 2019》中提出，建立起多层次的人工智能人才体系，包括从事高级 AI 研究的人力资源（除本土培育外，每年从海外引进 2000 名，其中尖端人才 100 名）、在行业内应用 AI 的人力资源（每年培育 25 万人）、在中小企业实施 AI 应用的人力资源，以及使用 AI 开展新业务的人力资源；同时，日本还将在 IT 执照考试中增加人工智能领域的考题。为了在基础架构领域扭转相对劣势，日本确定了在国际合作前提下构建人工智能数据相关的下一代基础架构的原则。不同行业、不同领域中的人工智能实施效率不能仅仅依赖于孤立的优化，而是需要高度专业的、跨行业跨领域的系统架构设计，而日本极度缺乏这样的专业人才。为此，日本已成立了跨政府部门的战略委员会，积极寻求与美国等先进国家的合作，集中力量开展更加高效的系统架构设计，并在必要情况下促进架构的标准化。为了加强人工技能创新在产业界的扩散和应用，AIST 专设了一个人工智能的运营秘书处，负责沟通基础研究与现实需求；同时建立人工智能研发网络，参考美国国家标准与技术研究院（NIST）的组织间协同准则，促进研发成果共享和实施。

第四，将全面完善人工智能的基础教育和高等教育体系、提高全民人工智能科学素养作为建设人工智能基础设施的重中之重，追求长期效应。在《综合创新战略 2019》中，日本内阁综合创新战略推进会议提出，应以人工智能人才密度（占总人口的比例）为标准，发展出全球最适应人工智能时代的人群和社会。加快建设支撑泛在人工智能的网络设施，为所有学生配备人工智能终端，建立起师生能够充分利用 ICT 基础设施的大环境；同时，2019 年开发并在全国推广数据科学和人工智能的中小学教师培训教材，2020 年起为在职教师提供学习机会，以便在 2025 年前全面普及人工智能的基础教育。具体地，到 2022 年，全国每四所小学和初中至少应有一名人工智能教师；到 2024 年，全国每所高中至少应有一名人工智能教师，确保所有高中毕业生掌握该领域的基本知识以及数据分析的基本技术。无论是人文学科还是自然学科，优先支持将"数据科学和人工智能"学科考试纳入招生考试的高校，为愿意增加此类招生考试和学科教育的私立高校提供补助。通过网络课堂等多种形式，确保所有大学和技校学生（每年约 50 万名毕业生）获得学习人工智能执照考试基础课程的设施条件，并要求所有学生（无论是否人文学科）均需学习数学、数据科学、人工智能等课程。为在职人士实施在职教育，提高工作人口的数学、数据科学和人工智能素养。特别值得注意的是，日本政府将同步加强针对大学生和社会人口的批判性思维教育，以免社会人群依赖于单方面的数据分析结果和人工智能决策。2022 年发布的《数字田园都市国家基础设施整备计划》进一步提出了到 2026 年的数字技术人才培养目标，即到2026 年底通过完善职业培训等途径，再培养 230 万数字技术人才（精通 IT 的经营专家、负责信息分析的数据科学家等高素质人才），使得这类人才的总量达到 330 万。

第五，聚焦于以社会民生为主的优先应用领域，在应用开发中突出应用者的需求特点和易用性（而不是追求标准化），培育多样化的高附加值服务，为未来开拓海外市场做好准备。日本《人工智能战略2019》指出，人工智能将是提高工业劳动生产率的重要手段，但日本政府并未将工业部门普遍作为财政支持人工智能发展的主要领域，而是选择聚焦于以社会民生为主的五个优先领域，并提出了明确的优先发展原则：一是在支持人工智能部署应用时，优先发展医疗卫生、农业、抗灾、交通物流、区域振兴五个社会民生领域，这样有利于人工智能尽快渗透到广大民众和社会生活，改善居民生活品质。二是在部署人工智能时，本地居民和用户的偏好与观点应优先于技术基础架构或服务提供方的逻辑，这样有利于打造多样化的、可持续发展的、具有高附加值的人工智能服务。特别地，区域振兴领域（智慧城市建设）的人工智能服务将与农业、医疗卫生等其他优先领域相关联，建设可向国际推广的智慧城市样板；在这样的愿景下，唯有保持多样性，促进持续创新，日本的人工智能服务才可能扩散到场景更加丰富的海外市场。

第六，不仅重视 5G 网络、机器人等领域的"硬"要素发展，而且高度重视个体素质、社会制度、创新系统、政府治理等"软"要素与技术的互动，实现"具有多样性的可持续社会"并建立其基础设施的运行机制。在 2019 年出台的《以人为中心的 AI 社会原则》和《人工智能战略 2019》中，日本内阁指出，政府、企业、高校、研究机构、公众都是智能化"社会 5.0"的利益相关者，各方需要共同努力，以制定人工智能基础设施的建设标准和行为标准，解决治理问题。由于人工智能有加剧社会不平衡和社会偏见的危险，日本将采用法律、技术、社会治理等多种手段，建立起能够充分吸收各方利益相关者（特别是在社会上难以表达意见的弱势群体）意见的治理体系；根据人工智能的发展和以人为中心的原则，灵活调整医疗保健、金融保险、运输和能源等基础设施。为此，日本将建立一个跨越不同基础设施体系的、通用的数据利用基础，确保数据联通性和协调性。

第七，高度警惕人工智能可能带来的不良影响，强调人在人工智能基础设施中的主体性，应以人工智能辅助并扩展人的能力，而不是替代人的能力。2019 年，日本内阁出台了《以人为中心的 AI 社会原则》，明确指出在全社会部署和利用人工智能时，应注意保留人群的多样性，使不同的人群能够追求个性化的幸福，预防人工智能的部署和应用加剧社会不平等与排斥。为此，一是开展人工智能扫盲教育，使全民认识到人工智能的优点与缺点（特别是偏差），建立恰当的治理机制，预防人类决策过度依赖人工智能或被人工智能操纵；二是为不同的社会利益相关者提供易于使用的人工智能设施，预防人工智能部署过程中出现"信息薄弱"或"技术薄弱"，使全民均能享受到人工智能基础设施带来的社会进步；三是优先在五个社会民生领域中研发、部署人工智能，尽快改善老龄化社会的居民生活质量，降低政府在医疗、防灾、区域发展等方面的财政负担。

三、韩国新型数字基础设施的建设思路与主要措施

　　韩国在5G网络商用和元宇宙等全新5G应用开发规划上走在了全球前列。一方面，2019年4月，韩国成为全球首个部署5G商用的国家。2021年9月，韩国政府又提出，要在2027年前使韩国成为一个主要的数字强国，并计划在2026年先于其他国家迎来6G时代，成为数字基础设施方面的世界第一。另一方面，2020年后，韩国沿着提高数字基础设施应用效率的主线，陆续实施"数字新政""数字新政2.0"以及特定领域的支撑性综合措施。2022年初，韩国宣布"元宇宙新产业引领战略"，是为培育"数字新政2.0"超连接新产业而制定的首项综合措施。韩国政府在以上两个方面的关键部署与措施如下：

　　第一，在5G移动通信网络建设方面，韩国政府一方面较早推出了5G国家战略的顶层设计，对研发、标准等相关领域持续投资并提供税收优惠；另一方面协调运营商共建共享5G网络，降低5G网络建设部署的资金门槛，加速5G商用部署。从顶层设计来看，早在2013年末，韩国未来创造科学部便发布了5G移动通信先导战略，在其后七年向研发、标准化、基础构建等领域集中投资5000亿韩元，并组建产学研5G论坛直属推进小组，推进5G与其他产业的融合，政府强势主导并且协调各方进行5G应用测试。2018年2月的平昌冬奥会上，KT与爱立信、思科、三星和Intel等公司联手提供5G应用服务，同时在赛事聚集区域设立5G体验区。2018年冬奥会期间，KT等公司借助5G的超快速率推出了全新的转播形式，为5G的商用化积累经验优势。2019

年4月，即韩国5G频谱拍卖前夕，为了鼓励迅速建成全国性的5G网络，韩国科学技术信息通信部主导发布了"5G+战略"，宣布把网络建设的税费降低3%，并计划在2022年之前投资30万亿韩元。从共建共享部署来看，2018年4月，在韩国政府的协调下，韩国三大电信运营商就达成了关于5G的协议，三家运营商将在5G建设上共建共享，加速5G部署，有效地利用资源来减少重复的投资，开始共同布局5G。不过，作为世界上人口密度较高的国家之一（韩国人口分布很不均匀，且高度集中在首尔、釜山等经济发达城市），在很大程度上降低了运营商的建网成本和建网难度。截至2019年12月底，在5G网络商用不到9个月后，SKT、KT、LG U+三大运营商合计完成韩国85个城市的部署，覆盖了93%的人口，总计部署基站约19万个，刷新了韩国通信业的纪录。

第二，在5G移动通信网络的用户体验方面，韩国电信政策较早由"提速降费"向"加强用户体验质量"转变，鼓励运营商之间的差异化产品竞争（而不是简单的、基于价格的营销竞争），提高运营商盈利能力和持续投资能力，形成良性竞争格局。2013年至2015年，韩国政府也对国内三大运营商提出了网络"提速降费"的政策要求，并为了防止垄断性定价，规定各大运营商的市场份额不得超过一定比例。在这样的政策导向下，韩国运营商普遍通过无限套餐释放压抑流量需求，两年内实现了4G网络渗透率的快速提升，流量增长翻倍，单用户平均收入（ARPU）却逐渐停止增长，造成运营商网络负荷过重，增量不增收。在这种情况下，运营商联合与政府协商，希望停止实施降费政策。2015年后，政府与运营商达成共识，停止网络降费政策，连续三年维持套餐价格不降；运营商专注于改善专项内容和体验经验，通过业务差异化提高用户体验，争取在5G时代形成良性的、可持续的差异化竞争格局。

从韩国 5G 商用至今的产业发展来看，在"加强用户体验质量"的电信政策下，韩国电信运营商的竞争格局已经发生了显著变化。韩国 5G 商用之后，运营商在早期也面临商用初期终端类型单一、终端市场竞争不充分导致用户获取成本过高的挑战。例如，三星和 LG 的第一款 5G 手机 S10 和 V50 单机价格分别达 1150 美元和 1000 美元。对此，三家运营商都采用了高额补贴的方式进行竞争，如初期每台手机补贴 500 美元，导致 5G 初期单用户贡献利润非常少。不过，在韩国政府的政策引导下，加之韩国内容生产商（特别是超高清视频生产商）实力较强，为 C 端用户提供创新产品成为各运营商差异化竞争的关键。4G 时代，SKT、KT 和 LG U+的市场份额分别为 50%、30% 和 20%；到 5G 时代，三家的市场份额分别变为 47%、28% 和 25%，LG U+抢占了 5% 的市场份额，其逆袭的主要原因就是创新内容增值服务。因此，尽管由于 5G 第一波高端用户的终端补贴和营销费用较高，运营商 2019 年的利润有所下滑（SKT 下滑 7.6%、KT 下滑 8.8%、LG U+下滑 7.4%），但运营商普遍认为当期利润下滑是先发投资的必然结果，下滑幅度在预期范围内。此外，虽然利润有所下滑，但 5G 时代对于内容和互联网套餐的重新定义，帮助韩国运营商在 2019 年实现了显著的营收增长，LG U+在 2019 年第四季度的营收同比增长 77.8%。根据韩国科学技术信息通信部的统计，5G 的 ARPU 为 73500 韩元，相较于 4G 的 42000 韩元 ARPU 提升了 75%。2020 年，随着三星、LG 部分厂家的中低端 5G 手机逐步上市，运营商的终端补贴快速下调，单用户贡献利润逐步回升，韩国运营商的整体收入和利润随之提升。尽管在经历了两年源于 5G 的持续增长后，KT 和 LG U+的 ARPU 重新开始下降，但在英国市场研究公司 Opensignal 主办的"2022 年全球移动网络体验评比"中，二者的5G下载速率仍然位居全球前两位。

第三，将"数字新政"作为应对后疫情时代挑战的系统性措施，从网络、数据、智能三个方面对未来较长时期的数字基础设施建设与应用做出了全面部署。2020年7月，为促进后疫情时代韩国经济和社会恢复，文在寅政府提出以数字和绿色为重点的新政，并为此编列了为期5年、总计114万亿韩元的财政预算，加上地方政府和企业投资，此项新政计划的总投入可达到160万亿韩元。新政中明晰了十大重点发展的领域，其中六个属于新型数字基础设施（5G网络建设、人工智能人才培养、数据大坝、人工智能政府、智能医疗基础设施、智能城市）。从这六个领域来看，韩国数字新政的建设思路可以归纳为网络（5G网络）、数据（数据大坝）和智能（人工智能人才培养、人工智能政府、智能医疗基础设施、智能城市）。

数字新政的实施效果较为显著。以旨在为人工智能应用建立数据和人才基础的"数据大坝"（见表8-3）为例，实施一年后，2021年7月，韩国科学技术信息通信部的统计表明，共有超过17万家企业和机构、7万多人参与了数字新政相关项目；其中，"数据大坝"、公共数据领域青年实习、数字学习基地等主要项目分别吸引了5万、1.5万、8000多人参与。此外，韩国国内数据供应企业从2019年的116家增至2021年的393家，人工智能供应商从2019年的220家增至2021年的991家；数据市场规模从2019年的16.86万亿韩元增至2021年的19.27万亿韩元，2021年增长率为14.3%，超过了2020年的8.3%。

表8-3 韩国"数字新政"数据大坝项目内容

子项目	项目内容
用于人工智能训练的数据积累	积累数据,用于开展大规模的人工智能训练;支持人工智能服务开发;拓展工作机会(如数据收集、处理和质量检验的相关工作)
人工智能消费券	向各领域中小企业和初创企业提供人工智能消费券(每家企业最高3亿韩元),鼓励企业购买人工智能服务、在产品和服务中引入人工智能,提高生产率和竞争力
人工智能数据处理	将中小企业和初创企业拥有的数据转换为人工智能训练用数据;支持开发数据处理服务以及创新型人工智能服务
人工智能融合	利用各领域收集和积累的数据,进行人工智能训练、人工智能开发、人工智能应用,为算法升级铺路,并为人工智能企业提供早期的商业机会。2020年着重推进八个领域的创新:军事卫生保健、传染病应对、海岸警卫队、工业园区内的高效能源管理、检测非法复制品、区域性的特色行业创新、保障公共安全、地下公用隧道管理
云旗舰	选择需要确保持续竞争力的工业领域,支持其开发集成性的云服务平台和相关服务
云消费券	向各领域中小企业和初创企业提供云消费券,推动中小企业采用基于云工作环境的数字化转型,全面降低云服务的咨询和使用成本,帮助企业改善管理环境并保障非接触场景下的业务连续性
建设大数据平台	生产高质量数据,创新韩国的数据生态系统,提高韩国数据公司的竞争力;建立5个大数据平台和50个大数据中心,收集分析关键领域数据

资料来源:笔者整理。

2021年,韩国政府继续推出了"数字新政2.0"计划。该计划的重点在于推动2020年"数字新政"下建设的数字基础设施投入经济生产和社会服务。为此,韩国政府计划在2025年前投入49万亿韩元,为全社会使用数据资源和基础设施提供便利:①继续发展"数据大坝"项目,2025年前打造1300余种人工智能学习用数据库以及31个不同领域的大数据平台;②开放新建的"数据大坝"和5G高速公路基础设施,便于社会公众使用公共数据资源;③完善相关制度并提供相应频段,帮助影响力较大的核心产业尽快使用5G特色网络(5G特色网是根据特定需求特点定制的、用于引入智能工厂等产业服务的网络）；④提供符合各地特定需求的人工智能服务，构建开放性的元宇宙平台 Metabus，以便企业研发元宇宙相关的新技术、新内容和新服务，同时谋划组织 181 家企业和机构参与的 Metabus 联盟，构建 Metabus 生态系统。2022 年，韩国政府又计划为"数字新政 2.0"计划提供 9 万亿韩元（约 74.9 亿美元）拨款，其中 5.9 万亿韩元（约 49.1 亿美元）用于加强数据、网络、人工智能等领域数字基础设施建设。

四、德国新型数字基础设施的建设思路与主要措施

德国的新型数字基础设施特别是通信网络基础设施建设投资步伐相对滞后。2012 年修改后的德国《电信法案》正式生效，指出可利用其他替代性的基础设施或性价比更高的技术（如微波网络），以便降低宽带网络部署成本、提高宽带覆盖率。该法案通过强制运营商提供开放网络、引入多种消费者保护措施，强化了电信运营商之间的竞争。然而，由于运营商的投资能力受到挤压，成效并不显著，直至 2019 年底德国尚未在全境普及 4G 网络。从本国的数字基础设施条件出发，德国联邦政府在继续促进电信网络基础建设的同时，将政府工作重点放在支持企业（尤其是广大中小企业）、学校、医院、科研机构等社会经济关键主体利用既有电信网络基础设施提升自身数字能力上。

第一，加快 5G 和千兆固网投资速度，扭转德国超高速网络建设投资严重落后的局面。2018 年德国联邦政府在《塑造数字化：联邦政府实施战略》中提出，计划到 2025 年底千兆网络将覆盖德国全境，这也

包括人口密度很低、私有运营商缺乏投资动力的乡村地区。鉴于网络基础设施建设规划的确定性对鼓励私有运营商增加投资、扩建千兆网络具有重要影响，联邦政府将构建鼓励光纤网络投资、促进运营商合作投资的规制框架，至少确保所有工业园区、学校、医院均能通过光纤网络接入互联网。财政部设立了数字基础设施专项资金，支持宽带网络部署（特别是偏远地区）和学校数据基础设施建设（分别为各州提供财政支持）。截至2019年底，用于偏远地区5G网络建设的财政支持资金计划为40亿欧元（每个联邦资助项目最高资助由1500万欧元提高到3000万欧元），加上各州财政资助，基本可覆盖所有此前没有信号服务的区域，并将网速提升到50兆以上。

第二，以联邦经济和能源部为牵头机构和核心机构，将支持中小企业的数字化转型和实施作为数字基础设施支撑德国工业4.0发展的核心。《塑造数字化：联邦政府实施战略》明确指出，联邦经济和能源部负责支持各工业部门实施基于宽带的工业4.0项目，其中应将中小企业作为政府支持的重点，为其提供参考建议、用户指南、测试中心、最佳实践、国际合作与对话、工业4.0架构、IT安全与标准、继续教育等方面的支持。一是基于"中小企业数字化"计划和"中小企业4.0"计划，为中小企业数字化转型提供资金支持，主要是支持德国各州在2019年第一季度全部设立中小企业4.0能力中心，并在未来不断提高服务的规模和质量。这些中心为中小企业提供免费的、量身定制的项目，帮助中小企业开展网络协作并引进工业4.0应用；通过信息共享、项目示范、资格认证、概念设计、项目实施等多种手段，使项目符合中小企业的特殊需求。二是基于2019年启动的"企业IT安全"计划，为中小企业提供网络风险的相关信息、个性化的帮助和行动指南，该计划的执行力度还将进一步加大。三是计划设立"中小企业数字投资资助"资金，为中小企业改善数字业务流程、促进商业模式创新（特别是有关 IT 安全的数字业务流程和商业模式）提供针对性的资金支持；当中小企业开展数字技术投资时，该资金将为企业提供配套的创新补贴。四是基于"向数字化进军"的财政资助项目，为数字业务流程、数字化市场开拓、IT 安全等领域内雇员 100 人以上的中小企业提供咨询、实施等方面的支持。五是支持工业 4.0 标准化、IT 安全、合法架构的早期测试与验证项目，与中、日、美、法、意等国在工业 4.0 标准、IT 安全、最佳实践等领域展开合作。

第三，前瞻性地启动建设全国联通的科研数据与创新数据平台，促进先进思想和高质量数据的流通。《塑造数字化：联邦政府实施战略》提出，以德国联邦教育及研究部为牵头部门，强化德国科学与创新系统，形成可持续的、跨领域的研发数据管理能力。德国联邦政府已经与各州政府逐步达成了协议，首批招标已于 2019 年启动。尽管目前这一平台尚在建设初期，但可以预见，该平台一旦建成启用，将对德国科研体系的效率产生极大的积极影响。

第四，将德国打造为 5G 应用的领先市场，将远程医疗、自动驾驶、教育部门、农业部门等作为 5G 产业应用的突破口，且明确了产业应用的一些关键原则。例如，在交通创新领域内启动了基于数据的政府补贴项目 mFUND 计划，推动智能交通系统应用数据开放原则，以便应用数据科学提高安全性和便利性、提高交通效率、降低行车以及整个基础设施系统的运行成本；此外，开放的数据还将提振中小企业，促进创业。在迄今为止的 150 个 mFUND 项目中有 100 多个中小企业或创业企业参与。启动"远程信息处理设施"计划，为关键医疗健康数据的复杂交换和安全交换提供更加先进的专用性远程信息基础设施，计划到 2019 年底陆续将全国所有医生、独立牙医、药房、医疗都联入这一基础设施网络，以便自 2021 年开始所有符合法律规定的德国居民均可从其健康保险公司处获得可在全国范围内使用的电子病历。启动"数字协定学校"（Digital Pact School）计划，将在 43000 所教育机构和职业学校中安装数字化学习的基础设施。在多个州建设数字化农业示范田，探索如何优化数字方法，从而在农业生产中同时实现环境保护、提高生物多样性、简化生产流程等目标。

第五，高度重视基础设施产业链安全和网络安全问题，全面提高公共设施、供水、金融保险、交通、营养健康等关键基础设施的 IT 安全性。一是强化工业产业链安全。德国在 2019 年发布的《国家工业战略 2030》中明确指出，德国政府计划打破传统的社会市场经济模式，建立直接干预工业企业的"国家参与机制"和"国有基金"，采用政府提高出资购买企业股份、反收购补贴等手段，防范产业链上的关键企业被外资收购；考虑采用与 1969 年组建空客公司时"企业救援计划"类似的举措，集中政府力量，打造核心龙头企业。二是收紧基础设施和高科技领域外资收购的许可，特别是加强审查非欧盟企业（主要是中国企业）对德国机器人、人工智能等高技术工业部门的直接投资。2018 年，德国联邦政府将外商直接投资审查范围扩大到能源、供水、电信、国防等关键基础设施，同时将这些产业部门的外商投资占比限额从 25% 降到 10%。2019 年，德国进一步收紧了外资审查，提高了外资参与国内敏感项目建设的标准。三是强化国内所有产业系统应对网络攻击安全性的能力。德国联邦政府强调，数字安全性不是一个独立的问题，而是所有数字基础设施可持续发展的前提条件。一切数字基础设施建设工作都要充分考虑安全问题，采取安全保障措施。目前，德国正在与欧盟各国商议，共同建设欧盟自有、由欧盟本土供应商提供的、供欧盟企业存储敏感信息云托管服务 Gaia-X，预防对国外大型企业的过度依赖。

尽管采取了上述多方面措施，但迄今为止，德国的数字基础设施建设存在明显短板。根据德国联邦交通和数字基础设施部的统计，截至2020年底，德国大城市之外的地区高速网络覆盖率仅为20.2%。欧盟委员会《2021年数字经济与社会指数》报告显示，德国在欧盟成员国中数字基础设施整体水平排名第十一；在企业数字技术整合方面，德国仅排名第十八。2021年1月，德国政府又发布了《联邦政府数据战略》，确立了四大行动领域，分别是构建高效且可持续的数据基础设施（具体内容见表8-4）、促进数据创新并负责任地使用数据、提高数字能力并打造数字文化、加强国家数字治理，不过其具体实施效果仍有待观察。

表8-4　德国《联邦政府数据战略》有关数据基础设施建设的主要内容

领域	现状	针对性措施
数据基础设施的联网和扩展	近年来建设的大量公共和私人数据基础设施各有不同的标准和框架条件。科学和经济领域的项目种类繁多，但相对零散且不断变化	果断推进欧洲数据云计划，创建可信赖、开放、透明的生态系统，提供、合并和共享数据与服务
		推进国家科研数据基础设施建设，促进有利于数据共享和重用的科学文化变革
		实施欧洲开放科学云项目，创建全欧洲可信赖的虚拟协作环境
		在国家研究数据基础架构中开发数据质量、元数据和可解释数据的整体标准
		推动创新数字技术和数据基础设施、方法和工具的研发，进一步扩大德国的技术主权
		在绿色信息通信技术研究计划框架内，发展节能电子学
高性能计算、量子计算和存储媒体	德国在高性能算法开发和应用方面全球领先。就已安装的超级计算机性能而言，德国在欧洲排名前三。德国正在研究如何推进至少两个量子计算平台的建设，以及如何能够在量子技术相关领域获得全球领先的经济和技术竞争力	制订一套高性能计算方案，在欧洲框架内推进超大规模超级计算机和高性能计算机的计算基础设施的扩展、运行和联网
		持续实施联邦政府框架计划"量子技术——从基础到市场"，确保德国量子能力的发展
		通过量子通信实验网，研究安全的数据交换方式

五、发达国家新型数字基础设施建设思路与措施对我国的启示

在新型基础设施建设的关键阶段，建议政府借鉴具备较强前瞻性和适用性的国外经验，提升即将出台的新型基础设施具体政策的系统性、前瞻性和协调性。具体地，数字基础设施建设投资政策应注重强化本地需求引领和各类设施融通发展，提高市场主体投资新型基础设施的内生动力，形成顶层设计、软件基础、商业创新与硬件基础投资相互协同的良好生态。

第一，加快推动数字基础设施应用创新，促进基础设施建设和垂直应用开发良性互动，打造基础设施和相关应用"双重领先"的格局。针对全球数字技术应用创新不足的困境，充分发挥我国超大规模市场、丰富应用场景的优势，通过制度改革、政府采购等方式牵引数字应用规模化、创新化发展。一是针对数字应用服务化、无形化的特征，对政府预算和采购政策进行适配性改革，为政府、国有企业采购云计算服务等数字应用创造条件。二是加快推动基于5G和千兆光网的数字经济应用发展，推出一批我国数字经济自立发展的样板，实现"网络强国"向"数字强国"的跃迁。鼓励信息通信业与工业、汽车、医疗、媒体、教育等各个行业更大范围的、更深层次的协同创新，不断丰富应用场景，推广普及典型应用，构建广泛的应用生态。加快推进智慧市政、智慧交通、智慧能源等智慧城市基础设施领域建设，利用政府投资的需求效应，拉动人工智能等新兴产业的投资和技术迭代。

推动 VR 游戏、VR 教育、超高清视频等领域监管政策改革，促进 5G、F5G 与垂直应用协同发展。

第二，强化本地需求引领，通过各类新型基础设施之间的统筹部署和协调推进，构建并推广我国独特的、具备优势的主导技术路线。新型基础设施涉及的技术和产业总体上处于探索期，主导技术路线尚未确定，这为我国统筹部署新型基础设施，利用国内市场和需求规模，形成独特的技术能力和技术路线优势提供了机会。例如，我国作为制造业大国，将是未来工业互联网应用的最大市场，其需求方向能够对国际工业互联网技术路线发展产生重要影响。目前，我国企业工业互联网多数采用"现场—控制—操作"的多层架构，但其中现场层和控制层的核心装备与技术多由西门子等外企掌控。建议在新型基础设施的部署中，通过合理规划和顶层设计，推动更多企业转向建设全光网底座与工业互联网架构融合的扁平架构，将我国 5G 和 F5G 的局部技术优势嫁接到工业互联网之上，从根本上消除我国工业互联网体系现场层和控制层装备/技术的对外依赖，进而颠覆目前由德国西门子、博世等企业主导的基于数字物理系统的智能制造技术路线。

第三，强化新型基础设施和下游应用行业（场景）的垂直整合，形成运营商等新型基础设施建设主体内生投资动力和业务创新相互促进的良性循环。一方面，以 5G 为例，虽然三大运营商为了快速分摊前期已投入的 5G 固定资产投资成本，试图加快 5G 服务普及的进程，但由于缺乏能够吸引多数消费者的成熟应用场景，5G 规模化商用实际上出现了"雷声大雨点小"的现象；另一方面，如果 5G 不能形成足够的规模经济和网络经济，人工智能、工业互联网等下游应用发展所需要的低成本和可靠场景就无法形成。在这种情况下，我国 5G 网络投资和下游应用开发投资在一定程度上形成了相互掣肘、相互观望的局面。

有鉴于此，政府促进 5G 发展的战略重点不应是压低 5G 服务价格，而是引导运营商与下游领域的创新型企业加强合作与协调，加快催熟消费者具有强烈消费需求，同时技术成熟度又相对较高的 8K 高清、无线医疗、VR 等应用场景，共同引导用户向 5G 迁移。

第四，建立跨部门协同和对话机制，加强各类基础设施所涉及的底层架构、技术标准等软件基础的统一部署，形成协同发展的新型基础设施系统"大生态"。5G、人工智能、工业互联网、车联网等数字基础设施具有鲜明的商业模式平台化、产业组织生态化的特征，相互之间又具有高度的技术经济协同性，且底层架构、技术标准等"软"基础设施在协同中发挥着重要作用。这意味着，要充分发挥新型基础设施的赋能作用，不仅要形成统一的产业内部技术标准，而且要形成统一的产业间技术接口；不仅各产业自身的技术要达到足够的成熟度，而且要预防个别产业技术成熟度不足制约其他产业的技术可应用性。因此，新型基础设施建设应以"网络泛在"为基本原则，加强各层次新型基础设施以及下游垂直应用行业的融合建设。政府部门应在新型基础设施规划建设初期就建立起紧密的工作衔接机制，有效解决部门协调问题，融合部署交通、能源、城市等各类设施的建设规划与细则，前瞻性地统一各类基础设施的网络标准和技术接口，切实建立起我国新型基础设施的网络效应和数字经济的协同生态优势。

参考文献

［1］ The White House，2021，"Interim National Security Strategic Guidance"，https：//www. whitehouse. gov/wp-content/uploads/2021/03/NSC-1v2. pdf.

［2］ Cushman & Wakefield, 2022, "Global Data Center Market Comparison", https：//cushwake. cld. bz/2022-Global-Data-Center-Market-Comparison.

　［3］ The White House, 2021, "Fact Sheet：President Biden and G7 Leaders Formally Launch the Partnership for Global Infrastructure and Investment", https：//www. whitehouse. gov/briefing - room/statements - releases/2022/06/26/fact-sheet-president-biden-and-g7-leaders-formally-launch-the-partnership-for-global-infrastructure-and-investment/.

　［4］ 陈小鼎、李珊：《美国数字基建的现状与挑战》，《现代国际关系》2021 年第 10 期。

第九章　构建数字经济关键核心技术
攻关的新型举国体制

一、重大专项对数字经济关键核心技术攻关的影响

《国家中长期科学和技术发展规划纲要（2006—2020 年）》（以下简称《纲要》）确定实施的首批 16 个国家科技重大专项（以下简称"重大专项"）包括 11 个民用领域专项和 5 个军用领域专项。根据《纲要》，"重大专项是为了实现国家目标，通过核心技术突破和资源集成，在一定时限内完成的重大战略产品、关键共性技术和重大工程"。换言之，与当时已有的 863 计划、973 计划等其他国家级科研计划（基金）相比，重大专项直接面向中国经济社会发展最为紧迫的现实需求，而不只是聚焦于高技术研发（863 计划）或基础科学研究（973 计划），而是旨在通过关键核心技术的攻关与突破，形成重大战略产品和关键共性技术。从这一定位出发，重大专项的特点在于：

①在布局方向上，强调经济社会发展的重大需求和重大瓶颈问题，定位于重大战略产品、关键共性技术和重大工程，旨在提升产业竞争力和综合国力；②在实施主体上，重大专项的承担主体以企业为主，直接面向市场、面向应用，并以产业化为最终目标；③在组织实施上，政府、高校院所和企业均有深度参与，在政府引导下实现产学研的直接协同。

在首批 11 个民用领域专项中，有 3 项属于数字经济关键核心技术，即"核心电子器件、高端通用芯片和基础软件产品"专项、"极大规模集成电路制造技术及成套工艺"专项和"新一代宽带无线移动通信网"专项。按照排序，这三个重大专项又被称为 01 专项、02 专项和 03 专项。实施十余年来，这些重大专项虽然在产业化步伐上存在差异，但基于前述的定位与特色，在关键核心技术攻关以及围绕技术自主的产业链培育和创新生态建设等方面都取得了显著成效，有力支撑了中国数字经济在战略性领域过去十年的技术追赶与产业发展。

第一，随着数字技术成为国际科技竞争焦点，重大专项引领的数字经济关键核心技术突破对于保障中国数字经济整体安全的意义愈加凸显。重大专项瞄准产业技术制高点，攻克并掌握了诸多"卡脖子"领域的关键核心技术，形成了相应的国产化产品、专利和标准，实现了"从无到有""从弱到强"甚至是"从追赶到引领"的质变。这对于维护国家信息安全和产业安全具有重大意义，特别是在面临数字经济关键核心产品禁运和技术封锁时，为中国保障必要的数字经济循环构筑起一道技术安全底线。

例如，02 专项实施以来，中国集成电路产业摆脱了此前"没有一台国产设备、没有一种国产材料、几乎没有工艺知识产权"的技术模仿和产业依附状态，形成了相对完整的技术体系，在集成电路设计、制造工艺、封测、装备、材料的全产业链各环节的进口替代稳步推进，关键核心产品创新能力持续提升（叶甜春，2018）：一是高端芯片设计能力大幅提高，手机芯片等部分产品设计达到了世界先进水平。截至 2018 年底，全球仅有三种 7 纳米芯片投入实际应用，其中一种就来自华为的设计。二是制造工艺自主权显著提高，实现了由"引进消化吸收再创新"到"自主研发加国际合作"的重要跨越。02 专项启动时，中国集成电路的最先进量产工艺水平是 130 纳米，90 纳米工艺还处于研发阶段。到 2018 年，中国本土的主流工艺水平提升了 5 代，55 纳米、40 纳米、28 纳米三代的成套工艺研发成功并实现量产；22 纳米、14 纳米的先导工艺技术研发也取得了突破。三是关键装备和材料的整体水平达到 28 纳米工艺要求，部分产品可以满足 14 纳米甚至 7 纳米的工艺要求。截至 2018 年 9 月，02 专项已经有 20 种芯片制造关键装备、17 种先进封装设备和 103 种关键材料产品通过大生产线验证，并实现了全球销售。四是封测技术从中低端进入高端，国产技术对封测环节关键核心技术的覆盖率达到 90%，封测销售产品中使用先进封装技术的产品占比从 2008 年的不足 5% 提高到 2017 年的超过 30%，国际竞争力大幅提升。五是集成电路制造关键装备的国产品种覆盖率达到 31.1%，新建生产线国产化率达到 13%，先进封装关键装备品种覆盖率和国产化率均达到 80%。六是知识产权创造、保护和运用能力不断提升。02 专项实施期间，中国集成电路企业累计申请发明专利 43292 项，其中依托 02 专项申请的发明专利达到 25138 项，占企业新增专利量的近 60%。此外，中国企业还提出具有自主知识产权的新构架 Xtacking，这是中国首次在集成电路领域提出重要的新构架和技术路径。

第二，随着数字经济核心的产业垄断趋势不断加强，跨国公司的市场势力和对全球产业链的控制力持续增强，重大专项支撑的全局协调对培育中国本土产业链起到了决定性作用。全局协调是政府旨在促使大量创新主体的复杂创新活动和高专用性投资活动协同而开展的协调（贺俊，2022）。重大专项实施过程中的政府协调是在高度动态的环境下针对大规模创新主体、综合多种非选择性干预和选择性政策组合的全局协调，有效引导各利益相关方在产业层面形成统一的竞争战略和一致的投资行动，从而构建起本土产业链。

例如，依托 03 专项，中国围绕具有自主知识产权的 TD-LTE 技术路线，全面统筹培育覆盖 4G 技术、标准、研发、试验、应用的创新链以及覆盖芯片、终端、系统、网络、业务的产业链，实现了中国移动通信产业从"3G 跟跑"到"4G 并跑"的跨越，并为"5G 领跑"奠定了坚实基础。2007 年 3 月，为了提升产业链协同研发和投资效率，原信息产业部在总结吸收 3G 时代探索形成的技术和产业统一推进经验的基础上，成立了 IMT-Advanced 推进工作组，依托 02 专项开展工作，构建"产学研用"4G 全产业链合作平台。该平台全面统筹培育覆盖 4G 技术、标准、研发、试验、应用的创新链以及覆盖芯片、终端、系统、网络、业务的产业链，同时吸引爱立信、诺基亚等国外企业参与中国标准的研究和产业化。2008 年 3 月，原信息产业部改组为工信部，接续 IMT-Advanced 工作组，推动成立了由中国信息通信研究院和中国移动牵头的 TD-LTE 工作组，作为 TD-LTE 技术预研、标准制定和产业化的推进平台，组织系统设备、芯片、终端、仪器仪表等领域的 50 余家企业，攻克共性技术难关，系统催熟 TD-LTE 技术、产品和组网。在统一推进体系和国家信息基础设施"适度超前部署"战略的引导下，以中国移动为主的通信运营商发挥了重要的领先用户功能，形成了市场承诺效应和产业链牵引效果。中国移动为 TD-LTE 发展提供了完备的试验验证场景。这些大规模试验平台带动形成了根据应用规划网络、以网络建设带动系统设备、以系统设备带动元器件、以移动终端带动芯片的机制，避免了产业链各环节盲目分散投资，协同推进了产业链各环节的研发和产业化进展，"从无到有"地培育起本土TD-LTE产业链。作为全球用户规模最大的运营商，中国移动推动形成的TD-LTE技术成熟度和产业配套不断完善的态势，逐步改变了国外企业不参与、不支持中国移动通信标准的态度，有力推动了中国标准"走出去"。

第三，在数字经济推动产业竞争范式从单个企业竞争向生态竞争转变的背景下，重大专项成功培育出一批具有国际竞争力的高科技企业，并协助"产学研用"主体建立起面向共同战略目标的多边良性互动关系，初步形成了中国企业自主创新的产业生态。在重大专项实施之前，对于重大科技突破，中国社会各界更关注其技术研发环节的成功，而不是利用重大科研成果推动有利于中国的市场格局和产业生态重构，使得很多重大科研项目投入并没有充分实现其应有的影响。重大专项扭转了"重技术攻关、轻产业转化"的观念，以产业化作为考核目标，使得参与各方的关注点更多转向市场格局和产业生态建设，推动部分领域在寡头垄断格局下初步实现了市场突围和自主创新生态构建。

02专项确立了明确的产业化应用导向，采用"下游考核上游、整机考核部件、市场考核产品、应用考核技术"的评估体制，催生了市场应用有效拉动技术创新、促进全产业链各类创新主体高效协作的集成电路产业创新生态。中国的集成电路研究所和大学有关研究单位与集成电路工厂之间长期脱节是中国集成电路产业长期落后的原因之一。对此，02专项在实施过程中所发挥的功能，远远超出了常见的产业政策和科技项目的资金分配功能。政府不仅通过资金支持激发和催化企业创新，而且基于资源聚合培育了一批新型研发机构和企业主体，更通过与企业、科研院所和高校的频繁交流和深度互动，统筹解决企业发展过程中面临的人才、技术、市场和体制瓶颈，有力推动了中国集成电路创新生态的形成和发展。首先，02专项培育了大量市场化创新主体，极大增强了中国集成电路产业链关键环节的创新主体力量。不少高科技企业以承担02专项任务为契机，瞄准技术前沿并适时抓住市场机遇，成长为领域内具有全球竞争力的重要企业。2017年，全球集成电路封测领域排名前10位的企业中，已有3家中国企业（长电科技、华天科技、通富微电）。其次，02专项有力地推动了创新主体之间的有效互动，通过多种形式促进上下游协同创新。在02专项实施过程中，科技部等国家部委和参与专项的地方政府引导和推动承担专项任务的创新主体不断探索，推动企业加强协作、互相支持，在部分领域初步构建起依托本土企业的、上下游配套衔接的产业创新生态。例如，2009年12月，02专项率先组织成立了中国集成电路封测产业链技术创新联盟，这是民口重大专项的首个创新联盟。此后，以02专项实施为纽带，成立产业技术创新战略联盟，已经成为中国集成电路产业促进协同创新、加速成果产业化的普遍成熟方法，使得上游企业取得关键核心技术攻关突破后，能够突破国外厂商构筑的壁垒，顺利进入应用环节，基于应用反馈实现进一步迭代与改进。最后，02专项培养、吸引和集聚了一大批专业技术人才和科研团队，为中国集成电路产业的长期可持续创新发展提供了有力支撑。02专项实施以来，共有200多家企事业单位，2万多名科研人员参与技术攻关，成为打造研发团队、形成人才梯队的重要途径。同时，依托02专项平台，中国集成电路产业将具有高端产品开发经验和国际化市场运营能力的海外高级人才和团队作为引进重点。成建制回归的创业团队和研发团队充分发挥其在海外前沿领域科技研发的经验和积累，迅速提升了中国集成电路设备、工艺和材料领域的研发水平和实力，也培养出一批本土研发骨干和管理人才。

二、数字经济相关重大专项的组织管理和组织经验

与"两弹一星"项目和军用领域重大专项较少面临市场竞争不同，数字经济相关的重大专项是在高强度市场竞争和生态竞争条件下同时协调多个行政部门和庞大市场化创新主体的复杂工程，缺少既有的组织模式可循。面对数字经济条件下创新组织形态的转变，围绕"通过核心技术突破和资源集成，在一定时限内完成的重大战略产品、关键共性技术和重大工程"的战略定位，相关重大专项在组织、管理、实施、评估等方面大胆探索和创新，并将成功的做法不断固化为规章和惯例，为新时期更好发挥新型举国体制优势积累了宝贵的经验。

重大专项组织整体采用三部门协同下的多层次管理结构，但在实施过程中根据实际问题及时优化，进行了多次调整。从 2006 年到 2007年，各重大专项实施方案陆续通过国务院常务会议审议，启动组织实施。2008 年，科技部、发改委、财政部（以下简称三部门）共同印发了《国家科技重大专项管理暂行规定》，确立三部门作为顶层决策机构，共同研究解决重大专项组织实施中的重大问题，各司其职，共同推动重大专项的组织实施管理（见图 9-1）；在三部门之下，不同层面的组织管理工作安排具体如下：①顶层决策层：设立各重大专项领导

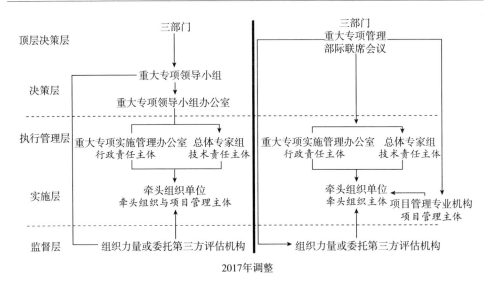

图 9-1 重大专项组织架构

资料来源：笔者整理。

小组，对专项组织实施负有最高领导责任；重大专项相关的重大问题需经领导小组成员单位共同协商确定。下设支撑领导小组工作的各重大专项领导小组办公室，负责协调各部委重大专项相关的日常事务。②执行管理层：设立各重大专项实施管理办公室和总体专家组，分别作为重大专项实施的行政责任主体和技术责任主体。重大专项实施管理办公室对上负责与重大专项领导小组成员单位间的沟通，报送重大专项各类信息，承办重大专项领导小组交办的有关事务；对下负责指导重大专项的资金管理和具体实施，组织协调解决重大专项实施中的有关问题。根据重大专项特色和行政部门职能，各重大专项实施管理办公室设在不同的行政部门，如 02 专项实施管理办公室设在科技部、03 专项实施管理办公室则设在工信部。重大专项总体专家组配合重大专项实施管理办公室做好组织实施工作；各总体专家组均明确技术总师，全面负责总体专家组工作，根据需要设技术副总师。③实施层：重大专项牵头组织单位是保证重大专项顺利组织实施并完成预期目标的责任主体；组织单位在重大专项领导小组的领导下，负责重大专项的具体组织实施。根据具体情况，特定重大专项的牵头组织单位可设在不同行政部门，甚至可能有多个平行的牵头组织单位；不同牵头组织单位之间应当加强沟通、协调与配合。例如，01 专项的牵头组织单位是工信部；02 专项就设有北京市经济和信息化委员会和上海市科学技术委员会两个牵头组织单位。④监督层：重大专项领导小组组织力量或委托第三方评估机构，对专项任务执行情况进行监督、检查和评估，建立监测评估机制。

重大专项实施之后，整体组织架构基本稳定。但随着中国科技体制改革深化，四个层次的管理主体与管理机制都有所调整。2014 年，《国务院关于深化中央财政科技计划（专项、基金等）管理改革的方案》对科技专项管理提出新要求：一是建立由科技部牵头、相关部门参加的管理部际联席会议制度；二是将具备条件的科研管理类事业单位等改造成规范化的项目管理专业机构，通过统一的国家科技管理信息系统受理各方面提出的项目申请，并完成后续项目管理工作；三是设立战略咨询与综合评审委员会，委员会由科技界、产业界和经济界的高层次专家组成，为联席会议提供战略决策参考，对特别重大的科技项目组织开展评审；四是择优委托第三方机构开展项目绩效评估，评估结果作为中央财政支持的重要依据。

根据上述要求，同时结合重大专项前期工作经验，科技部、发改委和财政部于 2017 年印发《国家科技重大专项（民口）管理规定》，调整了重大专项的组织层次和管理主体，总体上以减少管理层次、提高项目管理专业性为原则。本次调整的主要内容包括：①顶层决策层：

弱化甚至取消原重大专项领导小组以及领导小组办公室，强化三部门之间的协调以及三部门对重大专项执行管理层的直接领导与沟通。设立重大专项管理的部际联席会议，负责审议重大专项总体布局、新增重大专项立项建议和实施方案、重大专项发展规划和有关管理规定，以及遴选确定项目管理专业机构等重大事项。在部际联席会议制度下，科技部、发改委、财政部负责综合协调和整体推动重大专项。②执行管理层：保留各重大专项实施管理办公室和总体专家组，二者之间的分工与关系不变。但强调应充分发挥专家的决策咨询作用，总体专家组的咨询建议是重大专项牵头组织单位决策的重要依据。③实施层：保持重大专项牵头组织单位作为项目（课题）执行责任主体的定位和功能不变，但剥离项目（课题）管理功能，使其更加专注于按照项目（课题）任务合同书要求，落实配套支撑条件，组织任务实施，规范使用资金，促进成果转化，完成既定目标。④项目管理层：新增这一层次，通过委托专业机构开展项目管理，提高项目管理效率。三部门会同牵头组织单位等提出备选的项目管理专业机构，由部际联席会议审议确定后，由部际联席会议办公室与牵头组织单位共同委托该专业机构负责重大专项项目（课题）的具体管理工作。⑤监督层：三部门组织力量或委托第三方独立评估机构对专项任务执行情况进行监督、检查和评估，更加强调阶段绩效评估结果应作为实施方案和阶段实施计划的目标、技术路线、概算、进度、组织实施方式等调整的重要依据。

经过十余年的实施和结构调整，重大专项在重大科技项目的组织管理上积累了不少适应新时代中国国情的有益经验。整体来看，重大专项是高科技领域"有为政府"与"有效市场"有机结合的探索。一方面，重大专项由国家引导推动，通过设立实施管理办公室、总师负责制等方式进行总体把控，更好地发挥集中力量办大事的制度优势；另一方面，重大专项任务又下沉到企业，以产业链、创新链关键环节核心企业为任务执行主体，充分发挥市场的资源配置优势。具体地，就数字经济领域的三个重大专项而言，其组织管理的成功经验如下：

首先，从项目所处的社会、政治、经济环境出发，在宏观层次对组织结构和实施模式进行适应性的动态调整。重大专项的行动主体包括多个行政部门和众多企业创新主体，嵌入到中国特定的政治和社会结构之中，没有任何现成的国外模式可循；同时又面临高度复杂、动态的技术竞争和生态竞争环境，无法直接沿用在完全计划经济条件下行之有效的"两弹一星"模式。这就意味着，重大专项的组织管理不可能依靠事前设计的完美组织结构和实施流程，而必须根据不断变化的环境和涌现的问题进行动态的优化调整。就组织结构而言，2017 年重大专项弱化甚至取消领导小组办公室，就是从实际实施过程中的部际协调实践出发做出的调整。重大专项启动时，领导小组的设置是为了促进相关部委之间的协同，同时设置领导小组办公室，负责各部委重大专项协调相关的日常事务。但在重大专项实施过程中，部际协调工作实际上多数由科技部重大专项司承担；领导小组与领导小组办公室虽然发挥了一定的部际协调作用，但由于缺乏明确的行政责任人，并未达到预期的效果。2017 年《国家科技重大专项（民口）管理规定》发布后，重大专项在相当一段时间内不再设置领导小组办公室，事实上压缩了管理层级，减少了高层决策的循环，提高了决策效率和实施效率。就实施机制而言，重大专项也做出了许多此前中国重大科技项目中少见的创新性安排。例如，考虑到集成电路产业在国内的区域集聚特点，02 专项没有采取其他重大专项将实施管理办公室设在国家部委的通行做法，而是分别在北京市经济和信息化委员会和上海市科学技术委员会设立实施管理办公室，由北京和上海两个地方政府牵头实施。这是中国科技重大专项组织实施模式的一次创新尝试，02专项也成为民用领域唯一由地方政府牵头实施的重大专项。这种安排既有利于调动地方落实配套资金（截至2017年，北京、上海地方政府累计为02专项配套资金103亿元），更重要的是促进科技创新与区域经济融合发展，提高了地方推动专项成果产业化的积极性。

其次，从提高项目实施效率和产业链协同效率的原则出发，在微观层次对行为主体的权责范围以及相应的考核机制做出特定的适应性安排，突出表现为以下几个特点：一是重视选用并培养能够得到全领域、全行业认可的领袖人才，使其成为专项组织管理的"事实权威"，带动整个专项形成基于信任和认同的协作文化。重大专项在形式上具有明确的行政结构和权力层级，实施管理办公室负责人、技术总师、牵头组织单位负责人等行为主体有着各自的责任划分。但是，这些行为主体在专业能力和创新抱负上不可避免地存在差异；推动最具能力和抱负的负责人突破正式组织规定的职责权限，成为统筹管理专项工作的"事实权威"，使得专项高层管理团队更容易获得广大参与主体的信任与认同，形成团结协作的文化，推广优胜劣汰的资源配置机制，提高组织管理有效性。二是落实技术攻关和产业转化并重的原则，专项的组织管理工作基本全面覆盖创新链、产业链和金融链，并建立以应用考核倒逼技术攻关的评价制度。以02专项为例，整个项目的组织管理活动实际上覆盖了"极大规模集成电路制造技术及成套工艺"技术攻关和产业化所需要的所有主要行政支持。受访的02专项的高层管理人员曾表示，02专项管理机构"既是项目的监督者，也是产业的保姆，逢山开路，遇水搭桥"，始终将关键技术的实际商业化应用作为项目组织管理的最终目标。更进一步，02专项管理机构面向商业化应用目标，率先提出了"应用考核技术、整机考核部件、下游考核上游、市场考核产品"的全方位用户考核制，强调用户购买、市场销售的实际效果，有效促进了创新链之间的协同性，促进了专项的顺利实施。截至 2017 年，02 专项成果累计取得了 1800 亿元的销售业绩，占项目承担企业总销售收入的一半以上（张伯旭，2017）。

三、数字经济相关重大专项组织管理的现存问题

从更高效率组织推动数字经济关键核心技术攻关与应用的需求出发，目前重大专项在跨部门跨地区顶层协调、项目组织管理主体权责分配、子课题评审监督与评估、人才引进与国际合作等方面还存在以下主要问题：

第一，在跨部门、跨地区协调的层面上，目前重大专项更多的是在"资源投入"方面实现了"举国投入"，但在"组织管理"（即跨部门协调、跨地区协调）方面还没有真正实现"举国协同发力"，在实施过程中仍然存在不同程度的效率损失。一方面，重大专项的高效实施需要科技部、工信部、发改委等多个行政部门的政策支持和共同发力，然而，由于相关部委在重大专项中的职责仍然没有明确的正式约定，同时各部委在科学研究、技术开发和产业化等各环节的衔接方面也缺乏明确的工作接口和长期固定的责任人，使得重大专项管理的部际联席会议等部际协调机制缺乏约束性，因此日常协调工作实际上由科技部重大专项司和各行政责任机构下属的重大专项实施管理办公室承担。受限于科技部重大专项司和各重大专项实施管理办公室的行

政层级，重大专项在实施过程中的协调效果因相关机构落实横向协调的意愿差异而参差不齐，难免出现具体工作（特别是在环境变化时新涌现的问题与工作）无人负责或者政出多门的协调不力问题。例如，此前海关、税务等部门的进口免税政策与02专项的部分自主化政策不配套，免税政策"倒挂"，影响了我国02专项成果产品的市场竞争力。另一方面，重大专项的有效实施需要与地方产业政策相互配套，然而具体实施中，地方政府承诺的一些专项配套资金未能及时到位，增加了专项运作的时间成本与管理成本。更严重地，各地政府出于地方经济增长的考虑，在国家正在集中力量追求突破的部分关键核心技术与产品领域进行重复投资，破坏了国家战略部署的系统性和龙头企业创新发展的积极性。

第二，在项目组织管理实施的层面上，存在重大专项参与主体权责不对称、"软资源"支持不足的突出问题，造成项目管理效果严重依赖特定技术人员的个人抱负与组织能力。首先，就行政部门主体而言，虽然重大专项均设有牵头部门、参与部门等多个行政责任单位，但并无明确的行政责任人。由于行政负责人常因行政单位领导人员变动而更换，难以建立起长效机制，因此其是否会为实现项目目标行使权力、调动资源、承担风险都缺乏制度基础。其次，就技术人员等个人主体而言，技术总师和总体专家组也存在明显的权责不匹配问题。作为最高技术责任主体的技术总师并未被赋予技术最终决策权，对总体专家组和众多参与单位的技术工作人员缺乏制度性约束力；总体专家组则仅为非专职决策咨询机构，其本职工作绩效和职业发展并不与作为重大专项总体专家组成员的工作成效挂钩。在这种情况下，重大专项技术决策与执行过程中的权责一致性难以保证，项目实施缺乏制度化激励与考核的保障；技术总师和总体专家组是否勇于承担责任、敢于为实现重大专项目标争取权利并行使权力，高度依赖于个人的组织能力与责任心。最后，重大专项为技术总师等责任人和责任团队提供的"软资源"支持不足，加大了个人决策主体的工作难度。尽管2017年《国家科技重大专项（民口）管理规定》要求重大专项委托专业机构开展项目管理，但重大专项在配备高度专业化的项目管理团队之前，项目管理长期依赖于科技部和技术总师工作单位的管理人员，项目管理人力在数量和质量上均有不足。此外，重大专项的经费预算中软课题经费不足，经费支出难以用于软课题研究和项目管理，不利于在专项实施过程中进行技术发展动态跟踪研究、提高项目管理水平。

第三，在子课题评审、监督、评估的层面上，重大专项相关制度还存在不少有待健全之处。一是年度计划与预算方案制订效率需要进一步提高。目前，重大专项年度计划与预算方案的审核程序比较繁杂，时间过长，且年度计划与预算方案提交审议评估时，曾出现外部评估专家不熟悉重大专项的运作与进展情况、评审结果无法支撑技术总师预想安排的情况，不利于整个专项按进度执行。二是缺乏科学有效的子课题评估体系。部分重大专项子课题立项时，设置的具体研究内容、阶段性技术指标、产业化指标、产学研合作目标都不够明确，特别是某些核心任务关键指标的可考核性和约束性不强，缺少研发的基线水平、目标成熟度、成果真实性等"验收不通过"的标准。三是缺乏对子课题的全过程管理制度。目前，重大专项子课题的目标管理、质量管理、课题验收等相关的过程管理制度相对简单，且现有管理制度有时也并未彻底落实，如课题合同管理不规范、项目管理信息系统不完善、重要节点的监督机制和退出机制不健全。四是项目课题期限短、验收制度烦琐，给课题承担单位造成较重负担。由于很多重大专项子课题的执行期限是一年，而在结项时同时进行技术评估和财务评估，且评估程序较为复杂，承担单位为准备验收要投入大量的时间和精力，挤占了技术研发的时间和精力。五是对课题验收结果的应用不充分。部分重大专项子课题的验收过程不够严格规范，加上课题实施的后评估机制和承担单位的信用评价机制不够明晰，验收结果透明度不高，有些甚至并未及时反馈给后续参加的技术专家，使得专家对课题实施效果不好的承担单位缺少了解。课题验收结果实际上缺少约束力，也影响了后续子课题的立项水平和验收水平。同时，这使得技术专家的大量精力被繁杂的评估管理和绩效甄别工作所消耗，浪费了本可投入重大专项顶层设计和重点部署工作的宝贵智力资源。

第四，目前重大专项在人才引进、技术竞争、国际合作等方面的部署还不能非常有效地响应国际竞争环境最新变化的挑战。首先，国际尖端人才引进对我国关键核心技术攻关起着重要的、有时甚至是决定性的作用。然而，随着中美科技战影响扩散，曾经行之有效的多种国际引才途径，如跨国人才兼职、依托体制外机构柔性引进等，都受到了强力压制。其次，新兴领域的全球科技前沿加速前移，商业性竞争技术不断涌现。与传统举国体制下技术前沿和技术路线相对清晰的追赶型项目不同，快速变化的创新动态要求新型举国体制更好、更快地平衡项目的技术可行性（差异化技术路线探索与技术调整）和经济可行性（技术扩散与应用）。但在缺少职业化项目管理团队支持的情况下，现有的项目责任主体很难达到这种能力要求。最后，由于缺乏与其他国家重大战略的协调，目前我国的重大科技和产业化项目实际上都以"全面赶超"为目标，极易导致"自主"目标演变为"孤立"事实。

四、数字经济关键核心技术攻关新型举国体制的改进建议

在美国加快重拾美式举国体制、调动国家机制介入科技竞争的大背景下，我国需要更好发挥中国特色举国体制擅长"全局协调"的优势，加快接续新一轮科技重大专项，将科技重大专项作为推动数字经济战略优先领域全产业链整体技术进步的核心抓手，防止已经有望形成非对称优势的数字经济关键核心技术和重大战略产品研发面临不进则退的危险。为此，建议在顶层进一步明确重大专项作为"全局协调"核心的战略定位，深刻总结上一轮重大专项实施的成功经验和存在的问题，全面改进新型举国体制的组织实施水平。

第一，强化重大专项提升全产业链竞争力的战略导向，确保项目计划和课题设置紧密围绕培育全创新链、全产业链整体优势的目标，防止面向多样化前沿科学探索或是与我国产业核心利益不一致的资助内容造成战略偏移。上一轮重大专项启动之时，我国在各专项领域内都处于技术追赶阶段，发展瓶颈突出，通过对标美、欧、日等先进工业国家和地区的既有创新体系和产业体系，可较为合理地确定技术路线和研究课题。与此不同的是，随着中美科技竞争程度不断上升，在下一轮重大专项实施期间，我国需要从技术追赶者向并行者、引领者加快转变，需要研究识别最有潜力支撑我国在全球范围内形成非对称优势、掌握创新链和产业链主导权的重大战略产品和技术路线，而不宜简单对标发展发达国家推崇的最新产品和技术路线。对于 2018 年以

来美国推进的重大工程中所积极倡导的新产品、新技术，我国应深入分析其是否有利于我国优势产业体系和技术体系持续增强，还是更有利于他国掌握产业主导权，从产业发展全局出发审慎确定支持范围，确保精准支持、接续加力。

第二，选择具备"全局协调"能力的行政部门作为重大专项负责机构。行政部门协调要有利于全产业链竞争力整体提升，其必要前提是该行政部门具备"全局协调"能力，既能够制定或采纳正确的产业整体战略，又能够激励全产业链在该战略方向下采取一致行动。这要求负责协调的行政部门对特定产业的创新范式和创新主体间的合作问题有着深刻认识，进而为全产业链协作创造出合理的合作网络结构与可信的合作收益预期。然而，行政部门并不会由于承担"全局协调"工作而自然获得"全局协调"能力，只能在与产业界的长期深入互动过程中逐步发展出这种能力。例如，科技部重大专项办公室、工信部03专项实施管理办公室在03专项中之所以发挥了重要正向作用，正是因其工作人员在过去十余年间专注于特定产业，才获得了足够高的产业洞见力和专业能力，获得了产业创新主体的广泛认同，与各类创新主体保持良好的协商、沟通关系，才能真正落实对全产业链的"全局协调"。

第三，在跨部门层面，建立更加畅通的约束性部际沟通机制和协调机制，促进科技和产业管理部门真正形成举国体制合力。建议重点加强重大专项的统一管理和部门协调，在垂直管理体系下，突出重大专项的核心平台作用，充分发挥国家领导人的部际协调作用，建立更加常态化的跨部门对话机制，明确各部门工作接口（特别是工信部、科技部、发改委在重大专项实施中的工作界面和接口），避免各部委对重大专项技术攻关的多头管理和成果产业化过程中的重复建设。确保工信部等产业管理部门在专项领导小组、部际联席会议中的参与度和话语权，促进产业管理部门和科技管理部门有效对接，从根本上保障战略科技力量能够最终有效转化为科技优势和产业竞争力。建立重大专项负责人（如技术总师）向分管国家领导人（如副总理）的特别汇报通道，便于其在遇有重大协调障碍时直接向分管领导人汇报，提高对突发部际协调要求的响应性。加强重大专项与学科建设、基础科学研究、产业化等各类产业政策、科技政策的衔接和配合，在强化绩效评估的前提下简化财政、审计等部门的过程管理，加强国家与地方政府招商引资政策之间的协调，有序推进战略性技术攻关和产业发展，促进形成各级政府各尽其能、各司其职协力推动关键核心技术攻关和产业发展的格局。

第四，在项目决策层面，吸纳更多来自行业领军企业和核心节点企业的战略性科技领军人才进入重大专项顶层战略决策机构，参与科技重大专项的立项前咨询与决策工作，为后期实施过程中有力推进专项成果的产业化奠定更加坚实的前期决策基础。目前，科技重大专项的战略决策主体以政府部门和公共科研机构为主，企业在事前战略决策中的参与度过低，使得部分专项项目和课题未能与产业应用和产业链整体发展需求精准对接。尽管上一轮科技重大专项已经特别注意到产学研合作攻关的必要性，并初步建立了成果用户考核机制，但行业领军企业或关键节点企业参与的专项事务局限于事中的课题实施和事后的成果评价，很少有机会参与项目规划、指标设定、课题指南等为专项"定方向、定调子"的战略性事前决策。在所有民口专项中，02专项是最早也是唯一专门设立了用户委员会的专项，但该委员会也只是定位于项目实施的咨询和评估机构，并不参与项目规划。由于立项咨询对象始终以公共科研机构和高校专家为主，企业专家过少，因此一些专项课题偏向科学探索而非产业应用，技术产业化关键指标不明确，可应用性与可考核性不强。对此，建议借鉴02专项设立用户委员会的经验，在各重大专项中成立类似的用户委员会，并明确用户委员会或专家组内的企业代表不仅是咨询顾问对象，而且应常态化、实质性参与到项目规划、指南编制、课题立项等前期决策流程之中。由此，重点强化企业在重大专项立项前咨询和决策中的参与度，推动企业参与由重大专项实施和成果考核环节前移到早期决策环节，确保重大专项和年度课题在设立时即能充分吸收企业意见，反映企业需求，从源头上贯彻产业化导向。

第五，在项目实施层面，明确主要权利人和责任人职责，导入成熟的项目管理流程，进一步提升重大项目的组织实施效率。在现行的组织制度下，科技重大专项参与主体权责不对等的问题突出。对此，建议对新型举国体制的项目组织管理制度做出以下改进：①明确责任义务。在明确行政责任单位和行政责任人义务的前提下，确保责任人的连续性；推进重大专项技术总师的专职化，技术总师依托实体性的技术责任单位开展工作；明确技术总师的技术责任主体地位及相应的技术最终决策权。明确技术总师和行政管理部门主要负责人与重大专项实施效果挂钩的相关权利，包括经济利益和行政晋升。②改革科技重大专项子课题立项和组织管理方式，落实2021年政府工作报告提出的"改革科技重大专项实施方式，推广'揭榜挂帅'等机制"的要求，在项目承担单位的遴选中引入"揭榜挂帅"制度。在此基础上，给予科研单位和科研人员更多自主权，健全奖补结合的资金支持机制，同时落实责任，使科技计划能够更加聚焦国家需求，增强攻坚能力。③优化经费结构。大幅增加重大项目经费中的项目管理经费和软课题经费规模和比例，用于管理部门、技术责任单位、专家费以及软课题研究。④完善监督考核。在技术总师和包括企业代表在内的专家组达成一致意见后，在项目子课题立项时同步创建范围管理计划和应用导向的强制性考核指标，清晰地定义和控制专项范围，防止实施过程中出现目标和范围漂移。在此基础上，减少过程监督考核，强化绩效结果考核；保持战略绩效考核的稳定性和连续性，提升任务考核的灵活性和动态性。

参考文献

［1］贺俊：《新兴技术产业赶超中的政府作用：产业政策研究的新视角》，《中国社会科学》2022 年第 11 期。

［2］叶甜春：《从低价制造者到全球合作伙伴——中国集成电路产业再定位》，http：//www. ictia. cn/contents2/22/480. html，2018。

［3］张伯旭：《在国家科技重大专项"极大规模集成电路制造装备及成套工艺"专项新闻发布会上的讲话》，http：//www. scio. gov. cn/xwfbh/gbwxwfbh/xwfbh/kjb/document/1553307/1553307. htm？ from ＝ groupmessage，2017。

第十章　数字经济核心产业的
产业链安全治理

一、产业链安全的内涵与产业链安全风险的类型

产业安全、产业链安全、供应链安全经常同时出现在政策文件和学术文献中。这三个概念相互联系但又有所区别：产业安全将特定国家的所有产业部门视为一个整体，强调一国产业生产和发展不受威胁的状态（李孟刚，2012），通常包括两个方面的内容：一是在国际产业竞争中保持独立的产业地位和产业竞争力，二是产业在生产过程中的安全性。产业链安全和供应链安全则是从生产的角度，探讨产业链特定产品或技术环节供应中断造成的安全问题。二者的不同之处在于，产业链安全是从全产业投入产出的角度刻画产业链的断裂，供应链安全则是从企业的角度探讨单个企业停止供应引发的产业链中断。无论是产业链安全还是供应链安全，都可以理解为开放经济条件下，一国

对产业链各环节的自主掌控能力（张义博，2021）。由此可见，产业安全是更宽泛的概念，包括产业链和供应链安全，同时还包括产业竞争力的维持和提升；产业链安全和供应链安全的概念基本可以等同，只是从不同角度刻画一国对产业链供应链各环节产品、技术、企业的控制能力。因此，本章将产业链供应链安全统称为"产业链安全"。现有文献对产业链安全问题的探讨主要从以下两个方面展开：

第一类研究重点探讨全球产业链安全的发展现状以及基于产业链安全因素的产业链调整趋势。现有研究识别了引起全球产业链安全风险以及产业链分工格局重构的三种因素以及这些因素对产业链安全的具体影响：一是新冠肺炎疫情的冲击。短期来看，新冠肺炎疫情造成产业链部分环节停工停产，导致国际贸易规模和生产效率下降；长期来看，新冠肺炎疫情推动全球供应链向本地化、多元化的方向加速调整（李虹林和陈文晖，2020）。二是中美经贸摩擦与科技竞争。美国对中国5G、集成电路、人工智能等产业的封锁打压加大了各国对产业链安全问题的担忧，使得欧日韩等国纷纷强化关键产业的产业链安全战略（李雯轩和李文军，2022）。部分研究也由此拓展，对发达国家的供应链安全战略进行了深入跟踪研究（苏杭和于芳，2022）。三是新一轮科技革命和产业变革。随着以数字化、智能化为核心的新一轮科技革命加速拓展，各国为了抢占新兴产业制高点，纷纷以自主可控为导向推动产业链调整。

第二类研究聚焦中国当前面临的关键核心技术"卡脖子"问题，研究应对产业链技术安全问题的策略。关键核心技术"卡脖子"是中国经济高质量发展过程面临的重要风险。党的十八大以来，党中央、国务院高度重视关键核心技术突破问题。围绕关键核心技术创新路径和攻关政策，学术界开展了大量研究（谭劲松等，2022）。还有部分学者从构建新发展格局战略要求视角，探讨了当前中国面临的产业链安全问题并提出了应对策略（盛朝迅，2021）。

产业分工的本质是在对产品进行模块化解构的基础上，根据不同国家要素禀赋、成本结构、技术水平等因素的差异，在市场机制作用下将不同产品模块的研发、制造以及最终产品的组装配置到成本最低的国家。在这种分工模式下，一国只需要承担部分的产业链生产环节，通常也只具备生产环节所需的部分能力。从对产业控制力的角度来看，一国在产业链各环节具备生产制造、研发创新、配套服务等方面的能力越强，对产业链的控制能力越强，产业链安全就越有保障。出现产业链安全风险的根本原因，是产业链能力缺失或受到破坏，导致一国对产业链的控制能力下降。根据产业链能力出现的问题不同，产业链安全风险可分为能力缺失型产业链安全风险、能力破坏型产业链安全风险和能力响应型产业链安全风险三类。

能力缺失型产业链安全风险是指一国由于缺少产业链中某种产品或相关技术的研发、制造能力，只能依赖其他国家的产品进口或技术授权来满足产业发展需求而造成的安全风险。造成此类风险的原因主要有三个：一是产业链分工导致的能力锁定。产业链分工是当前全球产业分工的基本模式，其一般规律是发达国家掌握研发、设计等附加值高、技术密集、资本密集的产业链高端环节，加工、组装等产业链附加值低、劳动密集的产业链中低端环节则主要由发展中国家完成。这种分工模式往往使得发展中国家的产业能力被锁定在产业链中低端环节，缺少进入产业链高端环节、关键环节的能力。二是基础研究和原始创新能力不足导致的能力缺失。自主创新是培育产业链能力的关键途径。长期以来，中国产业创新遵循技术引进—消化—吸收—再创新的后发追赶的路径，基础研究投入不足、原始创新能力较弱，从而导致在产业链关键技术环节难以实现突破，形成了诸多"卡脖子"因素。三是进入不经济导致的产业能力缺失。某些产业中基础原料、专用设备等产业链环节的市场规模相对较小，但技术门槛相对较高。如果一家或者少数企业率先进入并垄断了市场，那么新进入企业即使能够实现技术突破，能够争取到的市场份额也不足以弥补前期的进入成本，这就产生了进入不经济的问题。在这种情况下，市场机制作用使得企业更愿意依靠外界供给来进行生产，而非通过研发进入市场实现自给，由此也会造成产业链安全风险。

能力破坏型产业链安全风险是指一国在某产业内原本具有产品或技术能力，但由于产业转移、技术路线转换等外界因素，导致原有能力受损或价值下降，进而引发的产业链安全风险。此类风险主要可分为两种：一是产业转移导致的能力破坏型产业链安全风险。在效率导向的全球产业分工逻辑下，劳动密集的产业链制造环节始终是从成本高的国家和区域转移到成本低的国家和区域。在正常的市场条件下，源于效率考虑的产业链制造环节跨国转移并不会造成严重的产业链安全风险；但是，制造环节转移导致的技术能力、制造能力受损，则可能会引发一国的产业链安全风险。这方面最典型的例子是美国的集成电路产业。作为集成电路产业的发源地，1990 年美国占全球集成电路制造产能的 37%；但随后美国企业逐渐将集成电路制造、封装、测试环节转移到日韩、中国台湾等国家和地区，本土专注于集成电路设计高端环节，致使美国集成电路制造产能占全球产能的比重下降到 12%（The White House，2021）。二是技术路线转换导致的能力破坏型产业链安全风险。不同技术路线、技术标准之间的竞争是市场竞争的重要形式。在正常的市场条件下，技术路线转换和标准竞争失败不会对一国产业链构成系统性的安全风险。然而，数字技术在各个数字化的产业部门开启了相互竞争的多样化技术路线，新技术路线对传统技术路线的颠覆效应日益增强。各国对新兴技术路线和全球产业链主导权的争夺也更加激烈，进而引发非市场条件下的技术路线和技术标准转换。这种非市场因素导致的技术路线和标准转换会在两个方面造成产业链安全风险：一方面，产业链上的供应商会从原有技术路线转换到新技术路线，导致原有技术路线下的零部件供给中断；另一方面，原有技术路线在全球产业体系中被孤立，进而给在原有技术路线下具有产业链优势的一国造成更严重的系统性产业链安全风险。

能力响应型产业链安全风险是指当产业链受到外界突发事件（如疫情、地震等灾害以及其他国家断供等政治因素）冲击造成产业链中断时，产业链无法快速响应并恢复，进而形成的产业链安全风险。此类风险也可以分为两种：一是制造、物流等配套能力不能响应外界环境冲击造成的产业链安全风险。例如，疫情、战争、地震等自然灾害都会造成产业链在短期内丧失制造、配送等能力；如果不能及时调用资源，恢复必要能力，就会造成产业链安全风险。新冠肺炎疫情防控期间，短期芯片荒引发汽车等产业停产就是这类风险的典型表现。二是产业链管理体制不能及时响应外界环境冲击造成的产业链安全风险。当产业链受到外界环境冲击时，为了应对冲击，需要对原有的产业链管理体系进行调整，促进产业链恢复。如果产业链管理体系不能根据外界环境及时调整，必然会降低产业链抵御外界冲击的能力，也会影响产业链安全。最典型的就是在新冠肺炎疫情和中美经贸摩擦的冲击下，各国纷纷调整产业链安全管理体系。以日本为例，除了在国家安全保障局中增设"经济班"之外，还尝试推动产业链安全立法。自民党政务调查会发布《"后新冠时代"社会经济发展构想建议书》并明确提出，要推动制定日本在经济安全保障方面的法律《经济安全保障综合推进法》。

二、当前中国数字经济产业链安全的整体形势

与发达国家不同，当前中国数字经济产业链安全呈现多种风险交织共存、相互作用的复杂特征：一是以关键核心技术为代表的能力缺失型产业链安全风险；二是原始创新不足和进入不经济造成的能力缺失型产业链安全风险；三是产业链转移引发的能力破坏型产业链安全风险；四是技术路线和技术标准颠覆引发的能力破坏型产业链安全风险；五是产业链安全管理体制改革滞后，制约了产业链安全管理的响应能力，进一步恶化了产业链安全形势。

第一，以关键核心技术为代表的能力缺失型产业链安全风险长期存在，成为影响中国数字经济产业链安全的主导因素。就产业链分工导致的能力锁定而言，改革开放以来，中国全面融入全球分工格局，制造和研发能力显著提升，但关键环节的能力缺失仍然较为严重，核心产品与技术受制于人的现状还将持续，使得中国数字经济产业链持续稳定发展面临关键核心技术能力缺失的长期严峻挑战。工信部对中国 30 多家大型企业 130 多种关键基础材料的调研结果表明，95% 左右的计算机和服务器高端专用芯片、70% 以上的智能终端处理器和大部分存储芯片依赖进口（黄群慧和倪红福，2020）。以 2020 年广受关注的芯片短缺问题为例，业界普遍认为，本轮全球"芯片荒"是美国打压中国企业引发战略性囤货、新冠肺炎疫情蔓延导致全球需求激增、突发意外事件破坏既有产能等因素复合作用的结果。随着集成电路制造厂商扩大 28 纳米以上成熟工艺产能，预计 2023 年全球多数中低端

芯片短缺问题即可缓解。但是，在美国积极推动全球集成电路制造版图重构、强化对华技术与产品封锁的情况下，"芯片荒"却可能成为影响中国数字经济产业链安全稳定的长期问题。在14纳米以下的高端芯片领域，中国短期内难以实现技术自主。而美国已通过政治施压、战略合作、提供补贴等多种手段，成功推动台积电、三星等龙头企业在美建厂，且新建产能均采用5纳米以下最先进工艺，进一步增强了美国对高端芯片产业链产能的控制力。在中低端芯片领域，虽然中国国产替代能力不断提升，但某些领域的对外依赖程度仍然很高。例如，智能汽车平均每辆需用300颗以上MCU控制芯片，但中国车用MCU控制芯片市场被外企高度垄断，直接影响中国智能汽车产业链安全。

第二，原始创新不足和进入不经济造成的能力缺失型产业链安全风险难以在短期内得到缓解。首先，基础研究和原始创新能力不足导致的能力缺失在中国数字经济核心产业领域比较突出。以工业软件为例，当前中国在工厂设计、工厂管理、制造等工业软件领域的能力缺失十分严重。在广受关注的集成电路设计EDA软件领域，新思科技、楷登电子、明导国际三家美国软件公司占有了中国近90%的市场份额。中国工业软件能力缺失的根本原因在于数学等相关学科的基础研究薄弱，原始创新能力不足。其次，进入不经济导致的产业能力缺失给中国在数字经济核心产业领域的进入与赶超带来了很大挑战。以半导体光刻胶为例，2020年全球半导体光刻胶市场规模约为17.5亿美元，同期全球集成电路市场规模为4260亿美元。虽然半导体光刻胶对集成电路生产至关重要，但在全行业市场规模的占比仅为0.4%，且这一细分市场已经被美国陶氏化学、日本JSR、东京应化等企业垄断。

第三，产业链转移引发的能力破坏型产业链安全风险在中国数字经济产业链中日益突出。新冠肺炎疫情之前，随着中国要素和成本结构的改变和环境保护约束的增强，加上受到中美贸易争端等因素影响，中国数字经济的部分制造产业和制造环节已经出现向越南、印度、柬埔寨等周边国家迁移的苗头。新冠肺炎疫情暴发后，安全和弹性优先的原则取代效率优先的原则，主导了发达国家政府和跨国公司的产业链布局决策，在中国之外备份核心环节乃至全供应链成为普遍选择。2022 年，上海、北京、郑州等重要工业城市疫情点状暴发，制造能力和物流配送能力受到冲击，使得当地电子信息等产业的产业链短期局部中断风险和企业外迁风险加大。即使新冠疫情暂时延缓了制造业外迁步伐，也难以扭转未来全球产业链向"中国+1"和"中国+X"多中心格局加速调整的趋势。此外，全球多边政治格局也在推动部分产业制造环节向发达国家回流（如美国政府通过多种战略推动集成电路制造环节回流）。产业转移对既有产业能力造成的破坏可能是未来影响中国数字经济产业链安全的重要因素。如果中国制造业体系不能及时实现转型升级，将造成巨大的供应链重组成本和产业空心化风险，对中国保持数字经济产业链的完整性以及基于其上的产业链优势和韧性极为不利。

第四，发达国家尝试颠覆数字经济内中国领先的技术路线和技术标准，由此引发的能力破坏型产业链安全风险不断凸显。以移动通信产业为例，当前 5G 接入网（RAN）的主流技术路线是中国华为、中兴等主导的软硬件一体化技术。在该技术路线下，集成化电信设备供应商根据自主的专用标准和协议提供无线接入设备。然而，2019 年以来，美国政府极力倡导和推广 O-RAN（开放的无线接入网）技术路线，试图通过将软硬件一体化的"黑盒"打开成硬件接口开放和软件协议标准化的"白盒"，从而颠覆当前中国企业占优的技术路线。随着拜登政府重返多边主义、回应欧盟对美欧数字经济合作的关键疑虑，欧洲对推广有利于美国的 O-RAN 技术路线、建设相关技术标准生态的态度也更加积极。一旦 O-RAN 被确立为欧洲主要国家通信技术的发展愿景，中国移动通信产业基于软硬件一体化技术路线的产业链优势将面临颠覆性危机，美国则可以实现移动通信产业的换道超车。

第五，产业链安全管理体制改革滞后，制约了对产业链冲击做出快速响应的能力，使得中国数字经济产业链形成了新的安全风险。当前，发达国家都将产业链安全政策置于产业政策和竞争政策的核心位置，加快完善产业链安全管理的顶层设计和综合体系，以提高对产业链安全问题的快速响应能力。例如，日本推动制定《经济安全保障综合推进法》，美国在产业安全署下设战略性产业与经济安全、技术评估等 8 个专业办公室。与发达国家产业链安全管理重在防范关键技术和产品外流不同，中国产业链安全管理工作更加繁杂，不仅涉及新兴高技术和产品出口造成的外向产业链安全问题，而且涉及对外技术依赖、国际标准打压等因素造成的内向产业链安全问题。然而，当前中国的产业管理工作仍然以"分散支持各类产业发展"为重心，产业链安全管理在产业政策和竞争政策中事实上处于边缘状态，在体系上几乎处于空白状态，资源投入和人才保障严重不足，既缺少有力的抓总机构，也缺少有效的跨部门协同机制。这使得中国在面对美国科技打击时，更多地表现出"刺激—反应"的被动模式，没有形成常态化、制度化的高效应对机制，不能及时对产业链冲击做出快速响应。

三、发达国家数字经济产业链安全治理的最新动态

随着新一轮技术革命和产业变革冲击全球产业链原有格局，以美

国为首的发达国家高度注重强化产业链安全管理，有针对性地在战略重点、调查评估、组织体系、协同机制、机构设置等方面做出了大量调整，寻求加强对产业链关键技术和关键环节的控制能力。

第一，产业链安全正成为发达国家经济领域中具有引领意义的战略措施，加强政府干预、保护关键企业成为产业政策调整的重点。例如，德国在2019年发布的《国家工业战略2030》中明确指出，在突破性创新冲击全球产业格局的形势下，维护产业链闭环，确保国内保留从原材料生产到销售服务的所有增值环节，是德国增强工业抗风险性和竞争力的必要行动。为此，德国政府计划打破传统的社会市场经济模式，建立直接干预工业企业的"国家参与机制"和"国有基金"，采用政府提高出资购买企业股份、反收购补贴等手段，防范产业链上的关键企业被外资收购；考虑采用与1969年组建空客公司时"企业救援计划"类似的举措，集中政府力量，打造核心龙头企业。同时，德国在2019年进一步收紧了外资审查，提高了外资参与国内敏感项目建设的标准。与此类似，美国也在2018年颁布了《外国投资风险审查现代化法案》，将美国外国投资委员会的管辖范围扩大至外商投资审查，以防止外国企业收购美国公司后对美国产业链安全和核心技术安全产生威胁。尤其值得注意的是，为了提高审查政策对不断变化的新技术的响应灵活性，《外国投资风险审查现代化法案》的条例没有列出固定的关键技术完整清单，而是根据商务部的出口管制技术清单来定义关键技术的范围。目前相关体例包含的关键技术包括美国军需品清单（USML）、商业管制清单（CCL）上的某些项目以及出口管制改革法案（ECRA）识别和管制的新兴与基础技术等。此法案颁布后，相关规则制定程序随之启动。美国财政部已经于2020年1月颁布了两项与该法案配套的最终规定，确定了外国投资交易强制申报的类别，对外商投资的安全性提出了更高的要求。

第二，发达国家着力加强对全产业链甚至是跨部门产业链的调查评估工作，以及相关新兴技术和基础技术预见工作，尝试在系统层面建立起全面摸底、及时更新国家产业链安全信息的正式制度。与欧洲国家相比，美国目前的机制更加完善，系统性也更强。首先，美国商务部产业与安全局（BIS）专设技术顾问委员会（包括新兴技术顾问委员会），协助预见未来的关键技术和产品，为技术管制做好准备。在2018 年《外国投资风险审查现代化法案》要求增加新兴技术与关键技术监管之前，BIS 已经开始识别此类技术。其次，BIS 建有与产业链安全相关的定期调查和评估机制。BIS 每年会视情况选择几个产业开展产业基础调查评估，如 2018 年对纺织和服装、制鞋、火箭发动机、集成电路设计与制造、印刷电路板等八个产业的调查评估。此外，BIS 还会围绕特定主题开展专题性调查评估，如 2018 年完成的关键基础设施产业能力评估。除针对特定产业的 BIS 调查之外，2012 年以来，美国已经开展过两次国家系统层面的产业链安全评估，即 2012 年由美国国家情报总监牵头组织的全美供应链系统安全评估，以及 2018 年根据特朗普13806 号总统令组织的制造业和国防产业链抗风险性评估。拜登就任美国总统之后，很快于 2021 年 2 月 24 日签署行政令，要求对美国半导体、新能源电池、关键矿物、医药用品四大关键领域的供应链弹性进行评估，并在 100 天内提交评估报告。此外，美国正计划建立制度化的系统级产业链安全调查评估流程，在产业边界日趋模糊、产业关联关系日趋复杂的态势下，将国家产业链整体安全评估常态化。

第三，主要发达国家正在重新审视本国产业链安全管理的焦点，并推动产业链安全管理体系从以独立部门监管特定供应链突发风险为主的分散体系向跨部门协同管理产业链整体安全的综合体系转型。从管理焦点看，2012 年美国《全球供应链安全国家战略》关注的主要是恐怖袭击、自然灾害等突发事件的供应链风险。2017 年后，美国迅速将供应链安全问题上升为国家层面的产业链安全问题，管理焦点从反恐转向遏制中国发展对美国产业链的侵蚀。从管理体系看，美国联邦政府商务部、国防部、国家安全委员会、国土安全部、能源部、国家情报系统等部门均有产业链安全相关的监管职责，传统上以负责技术与产品出口和国际贸易条约的商务部产业与安全局（BIS）为主要监管部门，在反恐相关的安全事项上则与国防部对接。限制关键技术和产品出口、调整国际贸易条约可以防止不安全技术和产品流向恐怖组织，但并不足以遏制产业链关键增值活动向中国转移。因此，在遏制中国的新战略焦点下，美国政府决定改变各部门分散应对不同领域产业链安全事项的传统体系，推动形成"政府一体化"（Whole-of-Government）体系，通过设立和强化相关跨部门机构（如外国投资委员会、供应链工作组）以及建立经常性跨部门协调机制（如新兴和基础技术预见机制）等全政府范围措施，将产业链安全问题系统纳入各部门政策，确保所有部门的整体视野和全面协同。

第四，在产业链安全管理向一体化、协同化方向发展的大背景下，美国政府既有机构正在为该领域提供更多前瞻性的、实用性的政策支持，部分领域还新设了或可能新设专门的产业链安全管理牵头机构。一方面，美国国防部、商务部（国家标准与技术研究院）等部门从提高产业链各环节安全性、消除特定环节短板的目标出发，前瞻性地开发和推广对美国有利的产业标准，并为中小企业提供可供模仿的示范案例。例如，国防部 2018 年 10 月启用了网上"国家产业安全系统"，向企业披露产业安全相关的政策、法规、培训等各类信息。另一方面，政府各方已经认识到，尽管跨部门协同逐步增强，但当前美国还亟待加强供应链风险管理的集中领导机制。对此，美国国土安全部于2018年10月在供应链风险管理计划下率先成立了专门的ICT供应链风险管理工作组，采用公私合作模式，旨在集中政产学各界力量，评估和管理来自中国的供应链威胁。2019年1月，多位美国参议员进一步提议，建立直接对总统负责的"关键技术与安全办公室"，协调管理关键新兴技术、基础技术、多用途技术对外转移造成的供应链安全问题。2021年2月24日，白宫宣布成立应对供应链中断的特别工作组，由商务部长雷蒙多、交通部长布蒂吉格和农业部长维尔萨克牵头，以解决半导体、建筑、运输、农业和食品行业的短期供应短缺问题。

四、不同类型产业链安全问题的差异化治理策略

根据产业链安全的类型和形成条件，中国数字经济核心产业的产业链安全治理应采取差异化的治理策略。产业链各环节的能力主要包括创新能力、制造能力和管理能力三个方面。其中，创新能力是指研发新技术、新工艺、新产品并将研发成果产业化的能力；制造能力是组织劳动、资本等各类生产要素进行批量生产的能力。制造和研发能力是产业的"硬"实力，管理能力则是产业配套服务和管理方面的"软"实力，可以分为两个维度：一是物流、土地、融资等产业链配套能力，二是政府对产业实施监管的能力。产业链能力载体不仅包括产业链中的企业，还包括研发机构、社会服务组织、政府等，产业链安全治理的核心就是针对不同的产业链安全问题，有效协调产业链各主体，构建产业链能力提升的高效机制。

针对能力缺失型产业链安全风险，治理策略应以培育关键核心技术为主，并确立以下两方面战略要点：第一，明确不同产业关键核心技术的界定标准和范围，确定关键核心技术国产化攻关的优先级，统筹处理自主可控和开放发展的需求。产业链上的关键核心技术种类繁多，确定关键核心技术的界定标准和范围至关重要。如果范围界定得过于宽泛，会导致产业链发展的单一内向化，不仅可能违反国际贸易规则，还会降低整条产业链的开放水平，影响本土市场主体在全球产业生态中的嵌入性；如果范围界定得过于狭窄，众多关键核心技术均依赖国外供给，则不利于国内产业链的长期安全。关键核心技术的攻关战略首先要区分成熟技术和新兴技术。5G、人工智能、区块链、工业互联网、量子计算等新兴技术是数字经济的核心技术，也是中国在数字经济时代实现跨越式发展的关键。因此，对新兴技术要前瞻性、战略性地制定攻关策略，确保在新兴技术竞争中取得领先优势；对成熟技术，由于市场供给和市场竞争格局已经比较稳定，要以技术通用性、技术供给方数量等为标准，清晰界定不同类型技术能力缺失可能引发的风险等级，实施重点突出、顺次突破的战略。具体地，对于通用性较强、战略价值较大、技术供给方数量少、可能引发较大产业链风险的领域，要强化政府引导作用，率先实现突破，确保本土替代；对于专用性较强、技术供给方较多、产业链安全风险等级较小的领域，要特别注重发挥市场作用，推动企业加大创新投入，提升创新能力。

　　第二，确立分类施策原则，根据不同关键核心技术的技术特征分别实施领先战略、国产化替代战略、非对称竞争优势战略。忽略关键核心技术的差异化特征，"一刀切"地强调国产化，会降低产业链安全治理的效能。从国外经验来看，保障关键核心技术的自主性和竞争力也是当前美欧日韩产业链安全战略关注的重点，但发达国家对关键核心技术的战略部署强调技术的范围和结构。2020年，美国发布《关键和新兴技术国家战略》，明确人工智能、能源、量子信息科学等20项技术为关键和新兴技术，将这些领域分别划分为美国必须领先的最优先技术领域、美国和盟国合作的优先技术领域，以及美国应强化风险管理的一般领域。2021年12月，韩国政府发布《国家战略技术选定、培育与保护战略》，确定了人工智能、5G和6G、先进生物技术等十大战略科技，将这些技术划分为先导型、竞争型和追赶型，并分别确定了定制型培育战略和保护战略。对此，中国应在确立关键核心技术范围的基础上分类施策，对于5G、人工智能、量子计算等战略性技术领域，应确立领先战略；对于工业软件、集成电路、航空发动机等核心技术领域，应确立本土化替代战略；对于关键基础零部件、关键原材料等进入不经济领域的产业，应围绕产业链相关环节发挥自身优势，构建非对称竞争优势战略，通过"锻长板"形成反向"卡脖子"能力，以稳定产业链安全。

针对能力破坏型产业链安全风险，治理策略的核心是要保护并发展已有的产业链知识和能力，防止知识和能力的进一步流失。需要指出，即使一国失去了产业链某些环节的制造能力，但长期形成的技术诀窍、人力资本等也可能在一定时间内以缄默知识的形式存在于产业主体中。为有效保留这类以缄默知识形式存在的能力，根据能力破坏型产业链安全风险的形成原因，具体应对策略可分为以下两个方面：一是厚筑产业公地。加里·皮萨诺和威利·史在研究美国制造业外迁引发产业创新能力下降时，提出了"产业公地"的概念。产业公地是支撑产业发展的多种制造能力和创新能力的集合，包括产业基础设施、行业知识、工艺能力、工程化能力等。良好的产业公地可以有效繁衍出产业制造能力、创新能力。由于产业公地根植于供应商、消费者、

产业合作伙伴、技术工人、科研机构、产业服务组织等各类产业主体
中，所以厚筑产业公地的有效途径包括强化基础研究和应用研究投入、
开展共性技术研发、加大工人技能培训、增加专业人力资本投入等。
二是提升国际标准竞争主导权。在数字经济背景下，标准竞争已经成
为市场竞争的主要形式之一，标准竞争失败也成为引发产业链安全风
险的重要因素。在各国不断强化新兴产业布局、抢占数字经济制高点
的背景下，标准竞争受到了各国的高度重视。长期以来，中国在产业
国际标准制定过程中的话语权和主导权较弱。对此，需要强化政府在
标准制定中的引导作用，争取标准制定主导权，提升标准竞争力。

　　针对能力响应型产业链安全风险，治理策略要以重构产业链能力
为重点。具体来说，对于产业链本身能力响应不及时造成的产业链安
全风险，应靠提升产业链韧性加以应对。产业链韧性是指产业链在遭
遇外部冲击时仍能保持连续运转或可在短时间内迅速恢复的能力。提
升产业链韧性首先要强化产业链的信息建设和共享，尤其是要以产业
链核心企业为主体，构建产业链关键产业环节供应信息，建立供应商
信息库，提升应对产业链中断风险的能力。对于产业链安全管理体系
响应不足造成的产业链安全风险，应以产业链管理体制体系变革为重
点，构建适应产业链安全特征的管理体系。目前，中国的产业安全管
理职能分散在各部委，这种碎片化的应对机制不能及时对产业链冲击
做出快速响应：首先，每个部门都只掌握产业链安全风险的零散信息，
难以准确把握其他国家整体战略及其动向，从而也很难前瞻性地制定
全面应对策略。其次，各部门根据自身掌握的信息进行决策，缺乏必
要的跨部门信息沟通和决策协调，从而降低了应对策略的有效性。因
此，目前中国对于发达国家的科技打压，更多表现出"刺激—反应"
的被动模式，没有形成常态化、制度化的高效应对机制。

五、提高数字经济产业链安全治理水平的政策建议

（一）破解当前数字经济产业链安全主要风险

综合中国数字经济产业链安全发展的最新态势和发达国家产业链安全治理的现状，建议针对不同类型的产业链安全风险，分别加强以下几个方面的政策供给：

第一，以构建关键核心技术协同攻关体系为核心，破解以关键核心技术为代表的能力缺失型产业链安全风险。推动关键核心技术攻关突破的核心，在于构建与关键核心技术的经济范式相匹配的、高效的技术攻关体系。这样的技术攻关体系需要解决两个方面的问题：一是激励问题。关键核心技术创新涉及明显的市场失败和政府失败问题，既无法由政府包办，也不能完全交由市场机制解决，需要根据关键核心心技术的特征，构建符合技术经济范式的创新模式，才能充分调动企业、高校、研发机构、社会服务组织等各方主体，形成激励相容的协同创新体系。二是协调问题。关键核心技术攻关需要全社会各部门力量共同参与，但如果各部门根据独立目标碎片化地分配、运用资源，则不易形成合力。尤其是在当前的行政管理和考核体制下，行业主管部门、科技部门、教育主管部门基于各自的行政职责实施关键核心攻关项目，致使本应一体化协同推进的项目被肢解，反而降低了协同攻关的效能。对此，建议首先在国务院层面成立关键核心技术创新委员会，形成关键核心技术创新的顶层协同领导机构，提升部际协调效能。

其次在关键核心技术创新委员会中，下设不同的产业委员会，联合技术专家、企业家、政府官员、学者等多方利益相关者，梳理不同产业链的关键核心技术清单，根据技术特征构建关键核心技术攻关的个性化策略。为了充分调动地方政府积极性，产业委员会可以由在该产业内具有相对优势的国内区域的地方政府牵头。

第二，以母工厂和"母子工厂"体系建设为突破口，应对产业转移带来的能力破坏型产业链安全风险。为了在本国制造业向外转移的同时，在本土保留产业核心研发能力和先进工艺生产，日本在20世纪80年代中期开创了"母工厂"模式。当时，受日元升值的影响，很多日本企业到海外投资建厂，如何处理国内部门与海外工厂的关系，成为企业战略决策的重要问题。与美国多数制造业企业将工厂和生产业务全部转移至海外的做法不同，更多的日本企业选择了在国外工厂与国内工厂之间实施分工，在本土保留开发和应用最先进生产工艺的工厂，这类工厂被称为"母工厂"。母工厂拥有完整的生产系统，在日本制造业体系中承担着关键核心部件和高附加值部件生产（防止技术诀窍外流）、满足本国高端市场需求（高端产品的多品种小批量生产）、新技术开发试制（设计开发新产品并确定批量生产方法）、对外技术支援（向海外工厂转移有关生产和管理的隐性知识）等战略功能。在中国数字经济部分制造业环节向外转移趋势日益明显的情况下，建议借鉴日本经验，推动建设适合中国国情的"母工厂"模式和"母子工厂"支援体系。在中国当前的制造业发展水平下，"母工厂"不仅要"向上"适应本土龙头企业升级和全球产业链重构的需要，而且要"向下"发挥关键少数的功能，以工艺、管理等方面最佳实践的示范效应，带动广大本土中小企业升级。建设"母工厂"需要从生产设备优化、智能制造系统引入、现代管理方式创新、多层次人才培养、先进工厂示范先行、公共服务体系建设诸方面着手，统一规划，协同展开。

第三，以进一步强化国际标准话语权为抓手，降低技术路线和技术标准颠覆引发的能力破坏型产业链安全风险。为了保障中国在 5G、光通信等数字经济核心产业的技术路线和技术标准安全，需要继续强化中国企业的国际标准竞争力，形成"以我为主"的标准体系，以及围绕这一体系的、由中国企业主导的产业生态圈。对此，国家治理需要有效协调产学研各方，引导产业界策略性地协力发展自主技术标准与技术路线，加快形成并向全球拓展基于中国标准的产业生态。此外，应加快推动社团管理体制改革，着力增强国内民间标准组织的开放性和国际影响力。当前，封闭式的社会团体管理模式限制了国外企业和机构加入中国国内标准组织。例如，2020 年 9 月，中国企业成立星闪联盟（SparkLink Alliance），旨在开发并推广与 Wi-Fi 和蓝牙相抗衡的无线短距通信标准 SparkLink。星闪联盟有意邀请爱立信、诺基亚等欧洲企业总部加入，但限于国外企业不得加入国内社会团体的规定，最多只能允许这些企业的中国公司成为联盟会员，不利于与国外总部开展直接交流与合作。对此，建议民政部在数字经济新兴领域进行试点改革，允许国外企业总部和国外机构参与国内新建通信标准相关的社会团体，助力新建的中国民间标准组织朝着"天生国际化"方向发展。

第四，加快推动产业链安全管理体系建设，提高产业安全管理响应能力。针对中国产业安全管理机构不健全、权责不清晰、战略应对组织性差等问题，建议尽快完成产业安全法律法规编制工作，以法律形式加强产业安全管理对中国制造业发展规划、重大科技专项、反垄断等各项微观经济政策制定、实施的指导和协调作用。同时，建议依托工信部等相关部门，加强产业链安全审查机构建设，完善审查机制，强化产业链安全审查工作。为了保证仲裁的独立性和公正性，同时考虑到产业链安全的跨产业特征，产业链安全审查不应由行业管理机构（如通信管理局）负责，而应由相对独立的综合性产业链安全管理部门（如工信部产业安全处，或新设产业链安全局）承担。建立产业链安全申诉机制，通过依托第三方研究机构加强产业链安全的跟踪研究和重点案件评估，全方位提升中国产业链安全的保障能力。

（二）建立健全国家层次产业链安全治理体系

针对产业链安全管理的需求，建议中国产业链安全治理体系由以下五大要素组成：

一是法律法规体系。初期可以考虑以法规的形式由国务院颁布《中华人民共和国产业链安全法》，对产业链安全的组织管理体系、权责范围、立法宗旨、基本原则、调整对象等予以明确，明确产业链安全管理是各项产业政策、科技政策、竞争政策、贸易政策的前置基础性工作，加强产业链安全管理对制造业发展规划、重大科技专项、反垄断等各项微观经济政策制定、实施的指导和协调作用。条件成熟时将《中华人民共和国产业链安全法》由法规上升为法律，以进一步提升产业链安全法的法律效力。

二是战略决策机构。建议设立作为产业链安全治理的最高决策机构的国家产业链安全委员会。建议由国务院副总理任委员会主任，由工信部、发改委、外交部、商务部、财政部、科技部、知识产权局等部门的副部长担任委员会委员，由工信部规划司担任秘书单位。

三是审查和管理机构。考虑到部门间协调的难度较大，建议产业链安全审查和管理采取相对于美国更加集中的体制。同时考虑到产业链安全属于"产业战略部署"层面的工作，既超越了细化具体的产业政策范畴，也超越了特定的行业管理边界，因此建议产业链安全审查和管理机构依托工信部，未来条件成熟时可以考虑成立相对独立的国家产业链安全局，从而进一步强化产业链安全管理机构的权力和管理能力。工信部规划的产业链安全审查与管理职能和其他产业（链）安全相关职能部门（如商务部贸易救济调查局等）的区别在于：前者侧重于总体部署和政策协调，其他部门则侧重于本领域内的政策制定和执行；前者的工作贯穿事前评估和战略部署、事中执行和事后反馈评估，后者侧重于执行。

产业链安全审查与管理机构的宗旨是确保中国产业技术能力提升和产业发展的可持续性。产业链安全审查和管理机构的重点工作应包括：①建立产业链安全审查机制，参照公平竞争审查实施模式，政策制定主体对存量政策进行自我审查，工信部规划司对增量政策进行第三方审查；②建立企业、行业协会、研究机构的申诉渠道，建立产业链安全申诉机制和审核、反馈机制；③组织第三方对重点行业、企业和国家开展产业链安全评估，形成产业链安全评估报告；④针对国内外可能影响中国产业链安全状态的重大技术变革、企业策略和政府政策变动，发起产业链安全审查调查，形成产业链安全战略部署和应对方案，用以协调指导其他相关部门的微观经济政策。

四是评估和预警体系。加大资金和人员投入力度，形成专业的产业链安全评估队伍和机构。组织顶级经济学家、情报专家、技术专家、产业专家、法学家，构建专业的产业链安全评估委员会。依托第三方研究机构开展长期、持续、系统、科学严谨的产业链安全研究，建立适合中国国情的产业链评估知识体系和方法体系。推动第三方学术机构积极开展产业链安全国际调研和情报搜集，加强决策的资料和数据支撑：对国外颠覆性技术、重点企业的竞争策略、主要工业国家产业政策和产业链安全政策调整、主要国家高端智库针对性政策建议等进行紧密跟踪和评估，研究形成中国产业链安全应对策略库，针对不同的产业链安全情境，在技术、市场、资本、产业政策、外交等各个层面形成应对预案。

建议尽快完成5G、集成电路、工业互联网等数字经济核心产业和重点国家（地区）的产业链安全摸底和评估工作。尽管中美贸易战升级进一步提高了国内各方对产业链安全的重视程度，但至今仍然缺乏国家层面的系统性、全覆盖的产业链安全调查和评估，甚至连特定产业层面的调查和评估也非常少，难以为产业政策和竞争政策制定提供及时、可靠、详尽的信息支撑。在组织第三方研究机构研究形成产业链安全评估总体分析模型和评估指标体系的基础上，应委托专业研究机构，从技术或产品依赖度、国外技术保护强度（包括技术能力的复杂性、知识产权保护的有效性、技术标准控制）、供应者集中度、技术/产品可替代性、国外产业政策的竞争威胁、我国在相关领域的非对称优势等层面，对核心产业的产业链安全开展全面客观的分析评估，对正在或潜在对中国产业链安全构成威胁的重点领域、企业和政府政策进行深度分析和评估，形成预警点并提出政策调整和准备方案。

五是产业链安全管理范畴。建议中国产业链安全管理范畴包括以下"两大类五个方面"：第一大类是内向产业链安全，即来自国外的主动竞争性行为或不可控因素对中国产业链安全形成威胁的情形，具体包括四类：①对国外核心技术、基础材料、零部件（器件）或高端装备的依赖而造成的产业链安全风险；②国外企业对通用技术或特定行业的底层技术路线进行调整，对国内基于传统技术路线的产业链形成的冲击；③竞争性国家掌握并操控关键国际技术标准，从而对国内产业链形成实际上的控制和打压；④因国外不可控因素（如政治动荡、地震、疫情等）导致的供应链安全风险。第二大类是外向产业链安全，即中国产业对外输出技术或产品而对自身产业控制力或竞争力形成损害。随着中国企业原始创新能力的逐步提升，对于涉及中国全产业链竞争力的核心技术、关键材料或装备，除了企业自身的知识产权和竞争策略保护，需要国家政策力量的主动干预和介入。

参考文献

［1］黄群慧、倪红福：《基于价值链理论的产业基础能力与产业链水平提升研究》，《经济体制改革》2020 年第 9 期。

［2］李虹林、陈文晖：《新冠疫情对全球制造业供应链的影响及我国应对策略》，《价格理论与实践》2020 年第 5 期。

［3］李孟刚：《产业安全理论研究》，经济科学出版社 2012 年版。

［4］李雯轩、李文军：《新发展格局背景下保障我国产业链供应链安全的政策建议》，《价格理论与实践》2022 年第 4 期。

［5］盛朝迅：《新发展格局下推动产业链供应链安全稳定发展的思路与策略》，《改革》2021 年第 2 期。

［6］苏杭、于芳：《全球产业链、供应链重构背景下日本供应链安全保障的新动向》，《日本学刊》2022 年第 1 期。

［7］谭劲松等：《创新生态系统视角下核心企业突破关键核心技术"卡脖子"——以中国高速列车牵引系统为例》，《南开管理评论》2022 年第 3 期。

［8］张义博：《产业链安全内涵与评价体系》，《中国经贸导刊》2021 年第 5 期。

［9］The White House，2021，"Building Resilient Supply Chains，Revitalizing American Manufacturing and Fostering Broad-Based Growth"，https：//www.whitehouse.gov/wp-content/uploads/2021/06/100-day-supply-chain-review-report.pdf.